京都の中華

姜　尚美

京都の中華

姜 尚美

街と味

「京都の中華はおいしいらしいね」
と、京都の人ではない人に言われたことがある。
一瞬、どう返答しようか考えた。
おいしい、確かに。でも、伝わるかなあ、あの静かな味――。
ためらいの素《もと》は、そんな遠慮のような気持ちだった。
例えば、［草魚《そうぎょ》］のにんにくなし餃子の味の軽やかさ。
［糸仙《いとせん》］のはちみつみたいなたれがかかった酢豚の味のきれいさ。
［盛京亭《せいきんてい》］のかやくごはんみたいな焼飯《やきめし》の味のまるさ。
中国の人が見たら（もしかしたら京都以外の日本の人が見ても）、
「これは中華料理？」と首をかしげるかもしれない。

「京都の中華」という言い方をした時、それが指すものとはなんだろう。
京町家を改装した店で出される中華料理も「京都の中華」であるだろうし、
京野菜を使った中華料理なんかも「京都の中華」だといえる。
でも、あの時「伝わるかなあ」と思った「京都の中華」は、
そういう「わかりやすい京都らしさ」をまとっていない。
品書きひとつ見ても、「餃子」「春巻」「酢豚」と定番メニューの名が並んでいるだけ。
が、それらがテーブルに出てくると、その盛り付け、その味付け、その食べさせ方に、
これもまた、いや、やはりこれが「京都にしかない中華」だと再確認させられるのだ。

よく言われるのは、お座敷に「におい」を持ち込むことを嫌う祇園などの花街《かがい》で育った、
にんにく控えめ、油控えめ、強い香辛料は使わないあっさり中華、という特徴。
しかし、それ以外にもまだ「京都の中華」たらしめているものが「何か」ある。
おいしいだしを吸わせるためにわざわざ麺のこしをころす、
この街独特のうどんのように伝わりづらい、京都好みの「何か」。
本書は、その「何か」とは何か、という疑問から、出発した。

「京都の中華」は、ちょっと違う。
中華というもののとらえ方と育ち方が、ほかの街とはちょっと違う。
花街の習慣「ごはんたべ」にもたえる、店のしつらいと、気働き。
「飛雲《ひうん》」「第一樓《だいいちろう》」「鳳舞《ほうまい》」のお弟子さんたちに受け継がれる、独特のだしのとり方。
その一方で、反動のように愛されてきた、味濃く、ボリューム満点の学生街の中華。
しかもみな「安い」という月並みな言い方が申し訳ないほど、勘定がやさしい。
街の歴史や風習に合わせて、地殻変動してきた「京都でしか成り立たない味」。
この味を「おいしさ」とする味覚は、いったいどこからやって来たのか。

それを知るため、本書では、まず京都に育った私が個人的に好きな中華料理店を訪ね、
「どのように今の味に落ち着いたのか」をお聞きすることから始めた。
同時に、「京都と中華のなれそめ」についても調べ、
「ここで歴史が動いたな」と感じた出来事を時代別コラムにして、まとめてみた。

また、本書で「京都の中華」のひとつの系譜をつくった中国人・高華吉《こうかきち》さんの足跡を、彼を知る人々の協力のもとにまとめられたことは、大きな喜びである。

街と味は、合わせ鏡のようだ。

街が味を育て、味が人を呼び、店を呼んで、また新しい街をかたちづくる。街が消えても、店がなくなっても、あの味が食べたい、と求める「味覚」は人々に残る。

今回、取材を重ねる中で、「京都は中華が弱い」「変化にとぼしい」といった声を耳にした。おそらく「本場中国の現状とは距離がある」といった意味なのだろう。

本場や本物を追求するのは、もちろん素晴らしいことだ。

でも、あまりにそれを追い求めると、「正解の味」はたったひとつになってしまう。もう少し軽やかに、自分の街に縁あって生まれた味を知ろうとしたり、喜ぶことはできないか。

あなたの住む街にも、「そこにしかない中華」「そこにしかない味」がきっとある。「京都の中華」が、あなたの街が育てたかけがえのない味に気づく、ひとつのきっかけになってくれればいいなと思う。

目次

〈餃子〉

〈鶏〉

辛い酸っぱい
からし鶏
鳳《ほう》飛《ひ》（堀川北大路）

52

青じそ香る
若鶏甘ず六三《ろくさん》風《ふう》
八《はち》楽《らく》（東山安井）

62

〈海老〉

たけのこぎっしり
えびの春巻
ハマムラ河原町店（河原町三条）

72

もちもち衣の
大えびの天ぷら
ぎおん森《もり》幸《こう》（白川三条）

79

〈肉〉

〈飯〉

〈麺〉

のっぺいのような
天津飯
北《ぺ》京《きん》亭《てい》（大和大路五条）

118

つーんと泣かせる
カラシソバ
平《へい》安《あん》（祇園）

126

青ねぎたっぷり
九条葱と蒸し鶏の汁麺
ぎをん翠《すい》雲《うん》苑《えん》（祇園）

136

8分待って
冷めん ハム入り
中華のサカイ本店（新大宮商店街）

140

目次

京都の中華

閉店

にんにくなしの餃子

草《そう》魚《ぎょ》（丸太町七本松）

「草魚《そうぎょ》」は、家の近くの京都市中央図書館へ行った帰りにたまたま通りかかった中華料理屋さん。入口脇の巨大な魚と竹竿にしがみつくパンダのオブジェが目に留まり、まるで釣られた魚のように自転車をＵターンさせた。

扉を押して鰻の寝床のような通路に入ると、奥から「おーきにー」の声。和装の髪型のようにふんわり髪をまとめた奥さんが出てこられて、なんだかいい予感がした。壁には図鑑を切り抜いた魚の絵。メニュー表を開けば、コースの名前が「竿」「浮」「針」。そして箸袋にも、やっぱり魚を釣るパンダ。厨房におられるご主人は相当、釣りが好きらしい。

この日は「五目やきめし」と「餃子」を頼んだ。空気を抱き込んだふわふわの五目やきめしも良かったが、餃子をひとつ食べた途端、「あっ」となった。この餃子。こんな餃子を探していた……！　やわらかくて、ジューシーで、旨みもある「にんにくなし」の焼き餃子。餃子は大好き、しかしにんにくをがつんと利かせた餃子は苦手で、仕方なく「にんにくなし餃子」を手作りしていた身には、これぞ求めていた味。家の近所で理想の餃子に出合った興奮に、気持ちは［草魚］という大モノを釣り上げたパンダとなった。

その後も訪れるたび、この店の味が好きになる。胸肉を1枚まるごと揚げてぶつ切りにし、「やきぶた」の甘だれ、千切りキャベツと共にいただく「かしわのからあげ」。しょうが醬油で食べる肉厚の「むしどり」。鶏がらスープの塩だれあんにごま油を回しかけて香りを出した「天津飯」。手焼きの卵皮でたけのこ、えび、豚肉の千切りを巻いた「はるまき」。あっさりと上品な広東料理ベースのその味わいは、祇園や上七軒《かみしちけん》にある老舗の中華料理屋さんを思わせた。あの味はてっきり花街《かがい》のものだと思っていたが、こんな住宅街の一角でも食べられるとは。ひょっとしたら、私は「京都の中華」のほんの一部しか知らないのかもしれない――。この［草魚］は、そんなはやるような気持ちにさせてくれた、本書を作るきっかけになった店なのである。

［草魚］は現在、水谷隆《みずたにたかし》さんと久栄《ひさえ》さんが夫婦で切り盛りしている。水谷さんは、生まれ

育った名古屋で中華料理を勉強した後、京都・祇園の「ぎをん翠雲苑《すいうんえん》」（P136）、富小路四条にあった「大三元《だいさんげん》」などで修業を積んだ。細身だったので「ぎをん翠雲苑」では「もやしさん」と呼ばれていたそうだ。そして、昭和47（1972）年、西陣《にしじん》で「草魚」を開店。縁あって、現在地に移ってきた。

今のメニューや味付けは、約17年を過ごした西陣で磨かれた。例えば、調理に使うのはラードではなく植物性の白絞油《しらしめゆ》。ラードを使うと最初のひと口は甘いが、胸やけして京都の人の口には合わないそうだ。やきぶたも、ばら肉だと脂身を残す人が多かったため、今はもも肉で作る。

「京都で中華やろうと思ったら、味付けを変えんならん。京都の和食を食べたら、見た目がきれいで、ほわーっとなんともいえん味がするやろ。その街に合わさんと。京都は、加えるんやなくて抜かんといかん」

そう話す水谷さんの哲学は、くだんの餃子にも生かされている。あんは豚ミンチと白菜のみ。しかも白菜は、芯は使わず、葉のみ使う。さらには「青くさくなる」ので、葉の黄緑の部分は取り除いてしまう。にんにくやにらも当然、入れない。

「西陣の人はみな家で仕事してるから、においの強いもんはほとんど食べんからね。それでうちの店もよう使ってもろたんとちがうかな」

西陣は、呉服の帯や反物を織る、製造業の街である。全盛期には、機織《はたおり》屋さんや糸繰《いとく》り屋さんなどが多くの住み込みの従業員を抱えており、家のおかみさんは食事の用意に手が回らないので、パンや店屋物《てんやもの》が重宝された。そのため西陣周辺には、今もパン屋さんやうどん屋さんが多く残る。

［草魚］も西陣時代は出前でかなり忙しかったというから、中華料理も重宝されていたのだろう。ただし、相手は集中力が命の職人さん。昼ごはん後の作業に支障をきたす、もたれるような脂っこさや作業場ににおいが充満するにんにくは控えなければならなかった。［草魚］の餃子に、にんにくは入っていないが、そんな家内制手工業の街の事情がたっぷりと詰まっているのである。

「餃子に答えはない。何を入れてもええんやから。けど、面白がって出すもんは商品じゃないと、わしなんかは思う。やっぱり、人の口に合うものを出さんと」

73歳の水谷さんは、戦後の食糧難を経験した世代。当時は「中華なら食《く》わせてくれる」と耳にして、中華料理店に働きに入った人も多かったそうだ（それは今回紹介している店々の初代にも共通して多かった）。食べることに苦労した世代だけに、食材を無駄にしないこ

上／ドア真上の電光看板は年7回の季節替わり。この日は「冬のわかさぎ釣り」。お正月の「凧と門松」も好き。左／注文を受けてから水谷さんがひとつひとつ手包みして焼き上げる「餃子」。一人前7個だが、みずみずしく軽いので、ぺろりと食べてしまう。たれに添えてあるのは、日本酒で練ったおろしにんにく。ひと晩経つと、なぜか緑色になるそうだ。好みで、少したれに混ぜて食べてもおいしい。写真は3人前。

19　草魚

とへのこだわりが強く、また、食べ残されない味を模索することにも、きっと今の世代以上に真剣だったのだろう。

ところで私はこの店の餃子も好きだが、「釣りに行かんと体調が悪くなる」という水谷さんから飛び出す釣りバカ話（？）も大好きである。

入口脇の巨大な魚のオブジェは、中国でよく食べる淡水魚「草魚」であること。細身で長い魚なので「細く長く続け」と店名にとったこと。開店当時はパンダが竹竿で草魚を釣り上げている様子をネオンの釣り糸で表現していたが、「2回も爆発してしまった」ので、電光看板に替えたこと。開店当初は、草魚料理を名物にしようと仕入れに意気込んだが、川魚屋さんに「無理」と断られて自分で釣りに行くも断念したこと。壁には釣ったことのある魚の絵しか貼らないと決めていること。常連さんの家族の子供たちには「魚とパンダの店」と呼ばれていること。店が魚屋さんによく間違われること。

「ははは。もう、半分、遊びやな。え？　かまへんよ、聞こえても」

久栄さんはそう笑っていたけれど、お二人が一投一投、釣り糸を投げるようにこの店や味を作り上げてきたことが、明るい会話の端々ににじむ。

「草魚」は、豊臣秀吉が築いた城郭「聚楽第《じゅらくだい》」の遺跡を抱く、静かな住宅街にある。お二人はご高齢を理由に今回の取材を一度は辞退されたのだが、この本の動機となった店だからと無理を申し上げてご了解いただいた。行ってみたいなと思われた方は「魚とパンダの店」を、どうぞ、そっと探してみてください。

〈追記〉［草魚］は平成27（2015）年に閉店。多くのお客さんに愛されながら、43年の歴史に幕をおろされました。

右／「八宝菜」「肉だんごの甘酢」「むしどり」「はるまき」など7種類のおかずが詰まった「満月弁当」。ひとりで来ても、ひと通りの料理をつまみながらビールが1本飲めるようになっている。
左／厨房の天井までぴっちり貼られたアルミ箔に、水谷さんの生真面目さを感じる。水で濡らすと簡単にタイルに貼り付くそうだ。「ただし夏は注意。まぶしすぎて目やられる」。真剣な顔で言う水谷さんに思わず噴き出してしまった。

23　草魚

ごま入り皮の水餃子
盛華亭《せいかてい》（浄土寺）

「盛華亭《せいかてい》」の「水餃子」の皮には「何か」が練り込まれている。一緒に出されるバルサミコ酢のようなたれに付けてひとつ食べてみると、もちもちとした皮の甘みに交じって、その「何か」がぷちぷちはじける。

「あ、ごまです。炒りごまです」

店主の佐々木《ささき》幸司《こうじ》さんが教えてくれた。ごま？　水餃子になぜごまが。

「香りとこくを出すためなんです。10年ほど前に焼き餃子をメニューに加えたんですが、うち、実は、辣油《ラーユ》を置かない主義でして。にんにくや強い香辛料を使わないうちの中華には、辣油の味はきつすぎるんです。でも、お客さんとしては、焼き餃子に辣油は当たり前。

ほとんどの方が『辣油ちょうだい』と言わはるので、そしたら、辣油なしでもおいしい餃子を作ろやないか！　と親父と一緒に考えて、ごまで香りとこくを足したゴマ餃子を始めたんです」

それがおいしかったので水餃子にも入れました、と佐々木さん。辣油の代わりに、ごまで香りとこくを足す。なんて繊細なセンスだろう。水餃子の皮もすいとんのような重い皮ではないのにほどよい粉食感がある。

「餃子の皮には普通、強力粉を使うことが多いんですが、それやとお腹にどっちりたまってしまうので、うちでは焼き餃子も水餃子も、薄力粉のみで皮を作ってます」

そんな繊細な水餃子に添えられる、バルサミコ酢のような甘酸っぱいたれも面白い。

「よく水餃子のたれとして香酢がそのまま出てきますよね。あれも、うちの水餃子には酸味がきつすぎる。なので、米酢・醬油・砂糖を加えて炊いて、まろやかにしてあるんです」

水餃子ひとつとっても、この調子。［盛華亭］の料理には、聞かないとわからない、でも聞くと「なるほど、それでおいしかったのか」と腑に落ちる、「手間ひま」という名のかくし味が、山とちりばめられている。

右／白ごまを皮に練り込んだ「水餃子」。あんは、豚ミンチ・キャベツ・にら・しょうが、そして白ごま。香酢ベースのたれはドレッシングにしたいと言う人が多いので瓶詰めで販売もしている。ちなみに辣油は「あまりに要望が多いので結局置いてます（笑）」。ただし、にんにくを使わない自家製のもの。左／佐々木さん（右）、父の三義さん。次女の壬《み》るちゃん（中）の好物は「おとうさんの炒飯《チヤーハン》」。長女の或《あ》るちゃんの好物も同じでした。

27　盛華亭

例えば、前菜なのに作りおき感がまったくない「春雨の酢の物」。くらげと春雨のコリコリ感、ゆでえびのおいしさが鮮烈な印象だ。聞けば、注文が通ってから春雨やえびなどをゆがき始め、冷水でしめているという。冷菜だけれど、出来たてなのだ。

それから、包丁で叩いたえびミンチを食パンでサンドした揚げ物「海老のパンはさみ揚げ」。衣のパンは、この上なくサクサクなのに、油っぽさはみじんもない。これは「油切れのよいキメの粗い食パン」をわざわざパン屋さんに焼いてもらっている。

そして、味付けした具をごはんと炒める、「盛京亭《せいきんてい》」（P106）譲りの「五目やきめし」。コースの最後ならあっさりめ、単品の注文ならしっかりめと、お客さんの食べ合わせによって微妙に味付けの濃淡を調整する。

「杏仁豆腐も、粗く砕いた杏仁の種をひたすらすりこぎですって、ペースト状にしています。ミキサーだと刻み込まれるので、香りが出てくれないんです。20年ほど前からこの方法で作ってるんですが、当時はレアすぎて、杏仁の種が漢方薬屋さんにしか売ってませんでした。処方箋が要ると言われて、咳止めの効能があるということだけ勉強して帰ってきたりして（笑）。でもうちの親父が、やるなら絶対にアーモンドパウダーは使わん、という人なんで」

どうやら佐々木さんの父・三義《みつよし》さんは相当、頑固な人であるらしい。

大文字山のふもとの住宅街にある「盛華亭」は、祇園の「盛京亭」で長くチーフを務めた三義さんが、昭和57（1982）年にオープンした北京料理店。10年前、佐々木さんに代を譲ったが、今も週に1回、店を手伝いにやって来る。店に辣油を置かない主義は、この三義さんの考えだ。

「ぼくが「盛京亭」で学んだ中華は、60年前の京都で手に入る材料で作っていた、三杯酢の合う中華なんです。水餃子にしても、香酢のたれも面白いけど、ぼくは三杯酢で食べる方が、香りがぷーんとして好きですね」

三義さんが、洋ガラシ・酢・醬油を合わせたカラシ酢醬油のことを「三杯酢」と呼ぶのが面白い。料理で一番大事なのも、これらの「調味料を変えないこと」だそうだ。

「今はいろんな調味料が手に入りますからパッと買ってしまいがちです。でも、早めに調味料を固定して、自分のものにしていくことが大事なんです。酢、醬油、油、砂糖、塩があれば十分やと思います。これだけでも自分のものにするのは難しい」

その言葉通り、開店当時から一度も変えていないという、店のおもな調味料を訊いてみた。醬油はキッコーマンとヒガシマル。米酢はミツカン。意外にも日本の家庭でおなじみ

右／修業時代の三義さんと妻の幸子《さちこ》さん。幸子さんとは［盛京亭］で出会った。そんな奉公先でのロマンスを、今回たくさん聞いた。左／背割りしたえびのくるんとした姿が美しい「春雨の酢の物」。たれはカラシ酢醤油。春雨、くらげ、えび、鶏むね肉、きゅうり各々の食感が歯に楽しい。

31　盛華亭

のメーカー品ばかりで、特別なものは何ひとつなかった。調味料に頼るな、調味料のせいにするな。中華らしい食材がなくても、自分の腕次第でおいしい中華は作れる。三義さんの心の声が聞こえてくるようだった。

　そんな三義さんが心をくだいてきた料理の数々を、佐々木さんは「うちのグランドメニュー」と呼んで、リスペクトしている。これ見てください、そう言って佐々木さんが「御菜表」と書かれた30年前の店の品書きと、今の品書きを見せてくれた。

「ほとんど変わってないでしょ。このグランドメニューだけは変えたくないんです。実際の北京料理とは違うかもしれないけど、これがぼくにとっての伝統の北京料理やから。京都の人に喜んでもらってきた、京都にしかない北京料理やから」

　佐々木さんの代になってからは、春の菜の花や京都・城陽《じょうよう》産のたけのこ、夏のはも、冬のかにやかきを使った、季節の新作メニューも精力的に出している。しかしいつも「グランドメニューの合間に食べても浮かない料理か」を自分に確認している。

「幸《こう》ちゃん（佐々木さん）の料理、だいぶおとうさんに似てきたわ」

　自分の代のお客さんから、そんな声がちらほら耳に届きます、と三義さん。「変わらない」ことは、「変えない」ことではない。変わらない味は、料理をする人のさまざまな試行錯誤によって、あたかも「変わっていないかのように」見えている。料理はひらめきではなく、そんな石を削るような工夫の積み重ねであることを、この街の人は知っている。

新しい味のかくし味はいつも、古い味。水餃子に練り込まれたごまのように、控えめに、繊細に、香りとこくを添えている。

かしわのおすまし
三《サン》絲《スー》魚《ユー》翅《チー》
蕪《ぶ》庵《あん》（下鴨）

「これは何のおだしですか」

「かしわですぅ」

広東料理店の「蕪《ぶ》庵《あん》」へ食事に伺った時のこと。まるでおすましみたいなふかひれスープがおいしくて、何のだしかと訊ねたら、店の奥さんから即座にかしわと返ってきた。中華スープに対して「だし」と「かしわ」。京都まるだしの会話である。

この日はうつわに詳しい先輩が、下鴨にすごい「数《す》寄《き》屋《や》中華」があるから行ってみよう、と誘ってくれた。「お屋敷みたいな店だからすぐわかる」と聞いていたのに、下鴨本通を東に折れ、住宅街の細い路地を北上しても、それらしき店が見つからない。不安になった頃、ちょうど茅葺き屋根の玄関が現れた。かぶらの絵が描かれたのれんをくぐると、打ち水をした飛び石の小道。作務衣姿の奥さんが出てきて、枯山水の庭を横目に、数寄屋造の建物に通された。

円卓には、かぶらの形をした干菓子のお着き菓子。天井のよしず張りに見惚れていると、奥さんが料理を運んできた。「おお。すごい祥瑞《しょんずい》写し」と先輩がうつわを目で舐める。ここでは円卓に皿をのせてぐるりと回し、いったん料理を披露してくれるのだ。その後、部屋の隅にある小さな机で、料理を1人前ずつ取り分けてくれる。

この盛り付けが、一枚の絵のように素晴らしい。牛すね肉の煮込みなどは、何枚か重ねた肉の上に、にんじんの牛が「こんにちは」と挨拶するように添えられていて、思わず微笑。その後も、かに爪をえびのすり身で巻いた天ぷら、ほたてと豆餅の炒め物、車えびと豆豉《トウチー》の炒め物など、取り合わせの趣味がいい料理が数品続く。最後は「ちょうど旬なので」と自家製の仏手柑《ぶっしゅかん》ピールのチョコレートがけが。今こうして原稿を書いていても、もう一度食べたいなあ、と遠い目になる、心に残る味だった。

前述の、かしわのおすましのようなふかひれスープ「三絲魚翅《サンスーユーチー》」も、その席に出てきたもの。この「かしわ」とは、鶏肉のことだ。しかし、かしわと鶏肉は微妙に異なる。あく

右／細切りのたけのこ、しいたけ、豚肉がたっぷり入った、ふかひれスープ「三絲魚翅《サンスーユーチー》」。じっくりとったかしわのだしが五臓六腑にしみわたる、滋養スープのような深い味。染付のうつわは、清水焼の名工・北村《きたむら》賀《が》善《ぜん》さんに特別に焼いてもらったもの。コースの中の一品で、写真は5～6人前。左／ゆがいた牛すね肉を醤油だれで煮込んだ「醤油牛肉《シーヤウガウヨユク》」、豆豉《トウチー》で味付けした車えびの炒め物「豆豉生蝦《トウチーサンハー》」（奥）。にんじんで作った蝶や牛、五重塔の彫り物が愛らしい。同じくコースの中の一品で、共に3人前。

 蕪庵

まで個人的な感覚だが、鶏肉は味が淡白でやわらかい感じ。かしわは繊維質で弾力に富み、かむほどに旨みが出てくる感じだ（川端二条の居酒屋さん［赤垣屋《あかがきや》］の「地どり焼」。あれはしみじみ「かしわ」だと思う）。

京都の人は、このかしわが大好きだ。肉屋さんとは別に地鶏のかしわ屋さんがあちこちにあり、老舗の水炊き専門店も多い。海が遠く魚が手に入りにくいので、飼育しやすいタンパク源として重宝されたとも聞く。

そして、京都といえば「だし文化」。加えて、中華のだしといえば鶏系のスープ。京都人の中華好きは、この「かしわ好き」と「だし好き」から来ているのかもしれない。

「うちのスープも近江の平飼いのかしわを使ってます。よく運動しているので骨が健康なんでしょう、8時間煮込んでも煮くずれませんよ」

それに、と［蕪庵］の店主・武田淳一《たけだじゅんいち》さんが付け加えた。

「京都は水がいいですから。京都の水ならおいしいだしがとれる。いい水にはくせがない。素材の旨みが素直に出てくれる。だから素材が良ければいいだしが出て、油もにんにくも香辛料も使わずに済むんです」

この「水がいいから京都の中華はあっさりしている」という話は、今回の取材中にも何度か耳にした。中国では、現地の水で食材をゆでたり煮たりすると、水のくさみが出るため、下ごしらえに油通しという方法をとる。一方、京都にはいい水が豊富にあるため、それが湯通しで済む。スープも、鶏や肉の旨みを抽出して水質ごと変化させる中国の感覚と、いい水でかつおや昆布のだしをさっととる京都の感覚では、とれるスープの味が変わってくる。同じ「かしわ好き」の「だし好き」でも、そこで差が出るのだろう。

かくいう「蕪庵」も、地下水に恵まれた京都市北部の下鴨で昭和5（1930）年に創業した。約1000坪あるお屋敷は、森本瑞明《もりもとずいめい》の元・邸宅。食通で知られた西本願寺《にしほんがんじ》の22世門主・大谷光瑞《おおたにこうずい》の弟子である。その大谷光瑞のおかかえ中国人コックに料理を習った森本瑞明の妻が、「与平鍋《よへいなべ》」という中国風の寄せ鍋料理の出張販売を大八車で始め、京都で大流行させたのが店のおこりだ。そして戦後、神戸の「第一樓《だいいちろう》」から料理人を呼び寄せ、数寄屋建築を生かした広東料理店となっていく。

現在68歳の武田さんは、この店の料理人だったご夫婦を両親に持つ。その両親は、武田さんが高校生の頃に急逝。なんと18歳で店のオーナーシェフを務めることになった。

「大学で勉強しながら、料理も勉強して、経営も学んで……けっこう大変でしたね。香港などの現地の料理も視察に行きました。でも、そこで思ったんです。香港や北京や上海に

右／料理は円卓で「鑑賞」した後、奥さんが取り分けてくれる。左／春はうぐいす、夏はせみしぐれ、秋はお月見、冬は風花《かざはな》。七夕の時期にはこの枯山水の庭いっぱいに笹付きの竹が立つ。［蕪庵］の名は、開店当初、あたり一面がかぶら畑だったことから。小川に水車が回っていたそうだ。まだ冷たい初春の風に、南天の小さな苗木が真っ赤な実をゆらしていた。

41　蕪庵

負けないぞと思った時点で、どんなに頑張っても真似になってしまうなと。京都には、京都の食材を使った、京都の中華料理があるはずだと」

そこからの武田さんの歩みが面白い。書物をひもとき、花を生け、うつわを選び、一席すべての演出を巧む「料亭」の発想になっていく。

「昔はよく京都府知事や皇室の方がおこしになりましたのでね。いろいろな教養をお持ちの方が、一方ではうちみたいな店に、一方では「瓢亭《ひょうてい》」さんみたいな老舗の料亭に行かれる。その中で何が喜んでもらえるだろう、と使命感がありました」

そんな使命感が投影されたのが、名工に焼いてもらった素晴らしい清水焼のうつわであり、大黒さん、えべっさん（えびすさん）、五重塔《ごじゅうのとう》といった日本のモチーフを彫り上げた野菜細工なのである。楽器の琵琶をかたどったえびの揚げ物もこの店の名物だ。

「あの人これ好きやったなあ、こんな料理はどうやろ、と考えてる時間が、ぼくは何よりも楽しいんです。そうそう、チベット人の団体さんをお迎えした時は面白かったなあ。彼らは巻貝が好きなんです。貝殻を持っておくと、死後にいいところへ行けるんですって。それで料理の飾り付けに巻貝を使ってみたら、ひとつ残らず持って帰ってくれました」

「京都の中華」は料亭がライバル。「なんぼこちらがきばってようと、お客さんはなんか落ち着く、そういうもんを作っていきたい」と話す武田さんの料理は、あのかしわのおすましみたいなスープのように洗練された、〝中華料亭〟の味なのだ。

親子丼のような
鳳《ホウ》凰《オン》蛋《タン》
芙蓉園《ふようえん》（河原町四条）

油通ししたかしわとたまねぎを溶き卵に加えて中華鍋で半熟状にし、醤油・砂糖・鶏がらスープ・水溶き片栗粉などを加えて仕上げる「鳳凰蛋《ホウオンタン》」。一人前に約3個使う卵は、錦市場の卵屋さんから仕入れている。お昼はごはん、春雨サラダかシュウマイ、大根スープ、自家製の漬物付き（追記／現在は一部変更あり）。

京都は何かと卵で「とじる」。

かしわを卵でとじる「親子丼」、かまぼこを卵でとじる「木《こ》の葉《は》丼」、お揚げとねぎを卵でとじる「衣笠《きぬがさ》丼」、あんかけうどんを卵でとじる「けいらん」。はては中華そば、天津飯のあんを卵でとじる店まである。

なぜ卵でとじるのか。風味が増すのはもちろん、精のつく食べ物として卵が珍重されてきたこともあるだろう。とじることで、だしや具の旨みを閉じ込めることもできるし、丼物なら、さっとかき込みやすくなる。

広東料理店［芙蓉園《ふようえん》］の「鳳凰蛋《ホウオンタン》」も、そんな卵とじ好きの京都人好みの一品。ただし品書きには「鶏肉入り玉子焼き」と説明があるから、正確には「卵とじ」ではなく「卵焼き」だ。しかし、半熟とろとろに仕上げられたその姿は、どう見ても親子丼のタネ。醬油・砂糖・鶏がらスープで味をまとめた甘くてこくのある卵に、こうばしいかしわとたまねぎの風味が混じり合い、口に運ぶごはんの量がつい多くなってしまう。

河原町四条を下がったところにある［芙蓉園］の創業は、昭和30（1955）年。中国・満州で現地の人に料理を学び、その後、京都にあった広東料理店［第一樓《だいいちろう》］の初代料理長を務めた先代がオープンした。

「［第一楼］の大将（高華吉《こうかきち》さん。Ｐ１５２）に中華の花形の鍋ふりをまかせてもろたんや、と父がよく自慢してました。その大将は、中華食材がない中、京都で揃う材料でなんとか中華らしいもんを作ろうとした人でした。鳳凰蛋もそのひとつです」

先代の次男で、現店主の加地数男《かじかずお》さんが教えてくれた。京都以外ではあまり見かけない気がするこの鳳凰蛋、どんな由来があるのだろう。

「黄色くて輝くような見た目から鳳凰と名付けたのかもしれません。昔は卵が貴重でしたから。それに、うちの鳳凰蛋、ほんのり甘いでしょう？　みりんではなく、砂糖で甘みを付けてあるんです。砂糖も昔は高価でしたから、余計に立派な名前を付けたのかもしれません」

誰が名付けたのかは僕も知らないんですけど、と加地さん。鳳凰《ほうおう》は、中国で尊ばれた神話上の鳥。京都では、平等院鳳凰堂《びょうどういんほうおうどう》のほか、金閣寺《きんかくじ》のてっぺんに立つ鳳凰像も有名だ。ひょっとして、黄金色のこの卵料理を金閣寺の鳳凰に見立てたのだろうか。

そんな［第一楼］譲りの［芙蓉園］の料理は、４代にわたって通うお客さんもいる、やさしい味の中華だ。

「塩、醤油の味で食べさせるのではない、おだしを利かせた中華ですね。スープは毎朝、

右上／「焼飯《チヤーハン》」には、専用に作った豚ばら肉の焼豚を使う。左上／加地さんと妻の直美《なおみ》さん。店の漬物は直美さん手製。下右／近隣にお勤めの会社員さん。好物は「鳳凰蛋と冷麵」。下左／近くの老舗で働く下駄の鼻緒のすげ職人さん。鳳凰蛋の食べっぷりと色付き眼鏡がシブかった。

大海老と金針菜のXO醤炒め
1260円
和牛バラ肉の土鍋煮込み
1260円
海鮮おこげ
1260円

鶏がらをたっぷり使ってとります。油で膜をつくると素材の味がわからなくなるので、サラダ油は控えめに。にんにくや香辛料もほぼ使いません。うちの麻婆豆腐は八丁味噌と豆《トウ》板醬《バンジャン》で作るんですが、『麻婆豆腐はにんにくとしょうがが必須』と本に書いてあって、そうなんや……と驚いたことがあります」

にんにくや香辛料を使わないのは、店の西側にある京都髙島屋の従業員さんの食堂的存在だったことも大きい。接客業に、においは禁物。そして限られた昼休みの間に、さっと食べられるものが好まれた。

「鳳凰蛋は、もともと髙島屋の従業員さんによく食べていただいたことから人気になったメニューなんです。早くできるし、白ごはんと食べたら親子丼みたいで食べやすいと、いつのまにか髙島屋のほとんどの方が、お昼に鳳凰蛋を食べはるようになりました。店内の全員が鳳凰蛋を食べてる、なんてこともありましたよ」

店内全員、鳳凰蛋。テーブルが黄金色に染まったその光景をぜひ見てみたくて、ランチタイムの［芙蓉園］に出かけてみた。が、あいにくその日は小雨で、お客さんの出足はぽつぽつ。それでも来る人来る人、判で押したように鳳凰蛋を頼んでいく。

その数人に、鳳凰蛋のどこが好きですかと訊いてみた。「甘いところ」「中華中華してないところ」「食べやすいから」「ごはんと合うから」。理由は十人十色だったが、印象的だったのは、どの人もさっと食べ、すっと帰っていくこと。先代の頃から店に通っているという下駄の鼻緒のすげ職人さんなどは、ものの10分で食べ終え、ついにジャンパーを脱ぐことなく、風のように去っていった。

京都は何かと卵でとじる。中華においても卵でとじる。うどん屋さんでも、中華屋さんでも、卵とじメニューのある店に長《なが》っ尻《ちり》は似合わない。かしわ、鶏がらだし、そしてお昼の貴重な時間も逃さず卵でとじ上げる鳳凰蛋は、親子丼に匹敵する、京都好みの「ファストフード」なのだ。

辛い酸っぱい
からし鶏
鳳《ほう》飛《ひ》（堀川北大路）

「からし鶏《どり》」は、静かに辛い。

とうがらし色をした半透明のあんを、ぼこぼこした揚げ衣に包まれた鶏にからめてほおばると、はじめに旨みと酸っぱみが、そして数秒後にさわやかな辛みがうわーっと押し寄せる。ぶるぶるぶるっと震えが走る。辛い。もうダメかもしれない。でもおいしい。気づけば、お箸はもう次のひときれをつかんでいる。

「からし鶏。これは一気に食べなあかんね。私も初めて食べた時、何この辛いの！　と思たもん。でも中毒になるね。やみつきになるね。一人で2皿食べる人いるしね。皆さん、ぶるぶる汗かいて食べてます」

辛みと酸っぱみがたまらない「からし鶏」。鶏もも肉が丁寧に下ごしらえしてあるので、揚げ衣もろともサクッと歯が入る。初めて食べた時は「辛すぎる」と驚いたが、今では不思議と、思い出すだけでつばが出る。白いごはんを頼むと付いてくるたくあんが、いい箸休めに。もちろんお酒とも相性よし。

「鳳飛《ほうひ》」の看板娘改め看板おばあちゃんである小杉弘子《こすぎひろこ》さんが、そう言いながら、空《あ》いた湯のみにお茶をそそいでくれた。

昭和57（１９８２）年の4月18日、「い《1》ちかば《8》ちかでやってみよう」と開店された「鳳飛」は、小杉さん一家が営む中華料理店。近所に住んでいた頃、たまに寄らせてもらっていたのだが、初めて来た時は「営業中」の小さな札がかろうじて目印の、民家のような佇まいに躊躇した。

「昔ほどではないですけど、今もいちげんさんはまず入ってきはりませんね。『営業中』って何を営業してんのやろ、っていう（笑）。看板にはいちおう広東菜館と書いてますけど、料理も家庭料理というか、分野のない料理ですしね」

14年前から店を手伝っている、息子の拓哉《たくや》さんが話してくれた。この店は、ご主人の隆《たかし》さんが「飛雲《ひうん》」「第一楼《だいいちろう》」「鳳舞《ほうまい》」で鍋をふり、弘子さんが「飛雲」「第一楼」で接客を務めた後、独立して開店した、いわゆる「鳳舞系」（Ｐ１５４）の店。隆さんが長年、「鳳舞」の料理長だったこともあり、いくつかある鳳舞系の店の中でも一番「鳳舞」の味に近いと言う人もいる。からし鶏も「鳳舞」にあった名物メニューだが、ほかの鳳舞系の店ではほとんど作られていないものだ。神戸や大阪で中華料理を勉強してきた拓哉さんも「おそらく京都にしかないメニューでしょうね」と話す。

鶏は、もも肉の軟骨を丁寧に取り除き、卵や小麦粉、片栗粉をまぶして「とんかつの要領で」揚げてある。あんには、香港の辣椒醤《ラージオジャン》という塩気の少ない辛味噌を使っているそうだ。それを鶏がらと昆布でとったスープで割り、酢などで味付けする。

からし鶏のあんのすっきりした辛さは、てっきり一味によるものだと思っていた。とうがらしの辛みや山椒の香りを複雑にかけ合わせた麻婆豆腐の辛さが「七味的」だとすれば、からし鶏の辛さは「一味的」。京都では、店頭で好みの味に調合してくれる店が数軒あるほど七味が愛されるが、同じくらい一味も愛されている（「長文屋《ちょうぶんや》」という店には一味抜きの「六味」があり、通は一味と六味を買って、かけるものによって一味の配分率を変える）。七味の香りをかぐとうどんなどの汁物を思い出すのに対し、一味の辛さを感じると、魚の煮付けやきんぴらなどのおかずを思い出し、白ごはんが食べたくなる。確かにからし鶏と白ごはんを頼む方は多いです、と弘子さん。

「あんをごはんにかけたり、ごはんに付くたくあんにつけたり、ギョウザにつけて食べる方もおられるので、からし鶏だけは皿をさげる時、さげてよろしいですか、と聞きますね」

右／店には古いものを磨いたつやのような清潔感がある。食器棚の上には毎年知り合いが開店記念日に贈ってくれるという招き猫がずらり。左／自家製粗挽きミンチで作る「シューマイ」。中国くわいのシャキシャキ感が美味。2人前から三角形に盛るのも［鳳舞］譲り。

単行本ほどの大きさのメニュー表一枚に収まった25種類の料理は、どれもほっとする味。てりを出すための油は使わず、炒める分のサラダ油しか使わない「かやく煮つけ」。酢・砂糖・醤油の塩梅だけで、絶品のたれを作り出す「酢豚」。肉のくさみを消す最小限のにんにくしか使わないキャベツたっぷりの「ギョウザ」。

「やきめしでも、ひと口目においしいというのでは濃すぎるんです。かみしめて1人前食べ終えた時にちょうどよかった、というのがいい」

隆さんが、この店の味をまさに的確な言葉で語ってくれた。隆さんは、ふだん厨房から滅多に姿を見せない職人気質。「やきめし」の米の炊き具合も、毎日毎日「かたい」「やらかい」「焼きにくい」と鋭敏なセンサーでチェックする。そのかたくなさは、弘子さんが取材中に「この人はへんくつ」と6回も言ったほど。そのへんくつが一番発揮されるのが「やきぶた」らしい。やきぶたに話が及ぶと、弘子さんが「あれは……敵やな」と神妙な面持ちになった。隣に座っていた拓哉さんも察したようにうなずき、解説してくれる。

「うちのやきぶた、毎日焼きたてを出すんですが、一日に6人前くらいしか作れないんです。で、たまにその日焼いた分を全部ちょうだいと言わはる方がいる。すると親父が、『一人にいっぺんに売るな。多くて2人前までや』と言うんです。こないだもあるお客さんが11人前頼んできてくれはったんですけど、親父が『売らん!』て言うて……もう平謝り。それで1人前ずつ売れればいいけど、そんな売り方してたら当然、残る日だってありますよね。でも、親父はそれでいいみたい。手塩にかけて、たれに漬けて、焼いて、それが残って、僕らがまかないで食べて……。そやのに、なんか満足そうなんですよ」

「理由はなんやろなァ」

「わからん。親父の美学やろ。いろんな人に食べてほしいんやろ」

この話を聞いて、いてもたってもいられなくなり、後日、店を訪れた。「からし鶏と白いごはんをここで食べます、そしてやきぶたを1人前持ち帰りでお願いします」と、来るバスの中で考え抜いた注文を息継ぎなしで言うと、弘子さんが「ええ頼み方やね」とウインクするみたいに誉めてくれた。やきぶたは、鴨ロースのようだった。肉汁が全体に行き渡ったやわらかさ。きめ細かい肉の繊維のかみごたえ。塩と脂の入り具合。からし醤油で1枚食べるなり、「ちょっとこれ食べて」と用事をしていた家人を呼びつけてしまった。確かに、これをひとりじめしてはいけない。ひとりじめにしておけない。

静かな味、というものがある。口数少なく、こつこつと、とことんやって、すっと引く。何食わぬ顔して「ぽっ」と置く。「洗練された味とは仕事を感じさせない味だ」と教えて

営業中
アルバイト募集
493 5025

くれたのは誰だったか。

この店の、静かな味を愛している。もの言わぬ「仕事」に心をいっとき、なぐさめられる。その「仕事」をくみとれる人でありたいと願いながら、この街で暮らしている。

〈追記〉「鳳飛」は平成28（２０１６）年、店舗を新装。拓哉さんが2代目となり、変わらぬ盛況を引き継いでいます。


右／西部劇みたいな観音開きのドアと「営業中」の札が数少ない店の目印。昔は料理のサンプルケースがあったが、陽にあたって色あせるのでそれもはずしてしまった。店は偶然にも同じ「鳳」の字を持つ鳳徳小学校のはす向かい。京都ではおなじみの黄色い「ランリック」を背に子供たちが下校中だった。

青じそ香る 若鶏甘ず六三風《ろくさんふう》 八楽《はちらく》（東山安井）

常連さんの多そうな店だなあ……。

入口の戸に手をかけた瞬間、それはすぐにわかった。「中国料理 八楽《はちらく》」と書かれた小さな電光看板だけが目印の外観からも想像はしていたが、店内に店らしい「サイン」がひとつもない。壁には女の人を描いた絵が1枚掛かっているだけ。カウンターには芸妓さんとお客さん、そして着物姿の年配の女性が一人、慣れた感じで夜ごはんを食べていた。

「寒いですね。コート、どうぞ」

入口付近で二の足を踏んでいたら、奥さんがコートを預かってくれたので、それをきっかけに席に着く。ナフキン代わりに置かれた和柄のハンカチが愛らしくて、ほっと和んだのも束の間。品書きを見ると……値段が書かれていない。「冷やし野菜」「淡路玉ねぎと肉炒め」「九条ネギとカニ身の巻き揚げ」とメニュー名も見慣れぬ雰囲気だ。と、とりあえずピータンだ。ピータンをください。

「ピータンでしたら、この5年物の壺入り紹興酒がよく合いますよ。少し召し上がってみられますか」

まろやかな紹興酒と同じ色をした「松花《ショウカ》ピータン」は、懐石料理の先付けのようだった。紙吹雪みたいなしょうがが美しく散らしてあり、とろけるようにおいしい。いい予感に胸が膨らみ、続けて「鶏のカラ揚げ」「えび衣揚げ」も頼んでみる。

「鶏はおひとり2個ずつ、えびは3個ずつ揚げましょうか？　お腹いっぱいになってしまいますでしょ」

まるで割烹だ。そこからは、楽しくて、おいしくて、あまり覚えていない。ただ、中華鍋の甘酢あんを大事そうに皿にそそいでいるご主人と、こちらの食べ進み具合に気を配りつつ、さりげなくほうじ茶や白ごはんを勧めてくれる奥さんの姿だけが、脳裏に焼き付いている。ほろ酔いになり、お腹いっぱい食べて、この日の会計は二人で1万円くらいだった。高くない。全然、高くない。

右／長年の常連客であるお二方の好きなメニューは「焼豚の薄造り！」。常連さん限定のわがままオーダーです。あしからず。左／こうばしい醤油味のから揚げと甘酢あんの酸味が食欲をそそる「若鶏甘ず六三風」。「ご一緒にいかがですか」と炊きたてのごはんをよそってくれた。

65　八楽

「おひとりでカラ揚げ5個も6個も食べられないでしょう。そうやってお好みの量をお聞きするので、値段を書くとかえってややこしくて。値段を訊かれるようなお客さんも滅多に来られませんしね。ぼくはそんなこわい店、よう入りませんけど」

ご主人の高居《たかい》照男《てるお》さんが、冗談めかして教えてくれた。こんな中華料理の店、きっと祇園にしかない。

平成14（2002）年、八坂神社近くに開店した「八楽」は、同じ祇園にある「盛京《せいきん》亭《てい》」（P106）で修業した高居さんと妻の美穂《みほ》さんが切り盛りする店。和食の料理人を父に持つ高居さんが、中華料理の世界に足を踏み入れたのは、18歳の頃だ。

「最初はラーメン屋に勤めたかったんですよ。和食よりラーメン食べたい年頃じゃないですか。そしたら父が、『ラーメンも中華料理やから、知り合いの店で中華をひと通り勉強してみたら』と「盛京亭」に紹介してくれたんです。入ってみたら『うちにラーメンはあらへん！』て大将に言われてしまうんですけどね」

結局そこで「祇園味」の中華料理を叩きこまれること25年。新鮮な鶏がらを使った和食の一番だしのようなスープのとり方。「酒塩《さかしお》（調味料として使う酒）」に紹興酒ではなく淡麗の日本酒を使うやり方。中華料理では定石の合わせ調味料を使わず、お客さんの好みや食材に合わせて一回一回味付けするやり方を学んだ。

その後、縁があって、今の場所で店を持つことに。大家さんは、祇園の芸妓さんだった。

「大家さんから芸妓さん、芸妓さんから置屋《おきや》さん、お茶屋さん、芸妓さんのお客さん……と広げてくださって、本当にありがたかったですね。またそういう筋の方たちのご紹介やから、ちゃんとした方ばっかりなんです」

その絵もね、と高居さんが指さした。店に入った時、目に留まった女の人の絵だ。小磯《こいそ》良平《りょうへい》の作品らしい。

「前はそこに時計を掛けてたんですよ。そしたらある日、常連さんが『時計はずしてこれ掛けといて』って、ポンとくれはったんです。『ゆっくり飲みたいのに時間が気になっていかなんから』って。みなさん、店に来るというより、家に帰ってくるみたいな顔して来られますね」

それゆえ、店にはお客さんとのやりとりから生まれたメニューも多い。例えば、「若鶏甘ず六三風《ろくさんふう》」。

「これは長唄のおっしょさんのお好みのメニューです。いつやったか、『適当になんか作ってくれへんか』と言われたので、鶏の甘酢に青じそ1枚、ぱっとしいて、お出ししたん

右／「あんたとこのカニ玉をごはんにのせたらおいしいやろなぁ」との常連さんの要望で生まれた「八楽的塩天津飯」。添えてあるのはおろしたてのわさびと漬物。鶏がらスープを卵にかき入れるように含ませた「カニ玉」の淡い旨みにほんのり甘い安曇野産のわさびが合う。散らしてあるのは青じそ。左／高居さんと美穂さん。「お客さんには最後のお茶一杯までくつろいでほしいです」。子連れのお客さんがやって来ると、美穂さんが折り紙を折ることも。

です。そしたら気に入ってくれはってね。そこからメニューにお名前の2文字をいただいて、青じそは最初から散らすようにしました」

これがなんともこうばしい。鶏肉は注文が通ってから醤油をまぶし、片栗粉をごく薄くつけてからりと揚げてある。甘酢あんのやさしい酸味、淡路産のたまねぎの甘みに、時折、混じる青じその香りが上品だ。祇園好みというものがあるならば、きっとこんな味をいうのだろう。

ほかにも、安曇野産のわさびと漬物で食べる「八楽的塩天津飯」、京都の冬の風物詩・かぶら蒸しにヒントを得た「アワビと野菜煮塩味わさび添え」、ガリみたいな酢漬けしょうがを添えた「小龍包」など、和食のような中華が揃う。

「ザーサイよりお漬物が合う中華なんですよね。特に意識したわけではないんですけど、お客さんの好みを聞いていったらこうなりました」

そんな祇園の常連さんの台所のような存在でありながら、いちげんのお客さんも拒むことなく受け入れるのが、この店の素敵なところ。

「店を始める時、家内と『焼飯《やきめし》だけの人も、1万円食べてくれはる人も、同じように喜んで帰ってもらおう』と言い合って始めたんです。だって、どのお客さんも、その日の二度となぃ食事をしにきはるんやから」

京都に暮らしていても、「祇園で遊ぶ」なんて機会は滅多にない。「適当になんか作ってもらえませんか」なんてセリフを発する機会も、よもやない。でも、「八楽」のカウンターで料理をいただいていると、なぜか自分も「適当になんか作ってもらっている」気分になれる。

いちげんさんにもそんな幻想が訪れるのは、祇園という街の空気と、誰の食事をも「一期一会」と考える高居さん夫婦の姿勢、そして中華料理という気どらない料理のおかげなのかもしれない。

たけのこぎっしり
えびの春巻
ハマムラ河原町店（河原町三条）

右／子供の頃、この顔文字マークはへのへのもへじだと思っていた。そして大学時代まで［ハマムラ］は全国チェーンだと思っていた。左／「えびの春巻」。東京から来た本書のカメラマンは、春巻をほおばりながら「京都の中華はたけのこを湯水のように使うんだね」と言った。写真は2人前。

中華料理店で春巻を頼み、「パリパリの薄皮でとろみのついた具を平たく包んで揚げたタイプ」が出てくると、「この店はこっちのタイプかぁ」と失恋した気分になる。なぜなら京都の多くの人にとって、春巻とは「あっちのタイプ」のことだから。

「あっちのタイプ」とは「やわらかい卵皮で千切りのたけのこなどの具を円筒状に包んで揚げたタイプ」。この卵皮タイプの春巻、京都特有のものかと思っていたが、「蛋皮春巻《タンピーチエンジユエン》」という名で、もともと中国料理に存在するものだった。「蛋皮」とは小麦粉と卵で作った卵皮のことである。

しかしこの蛋皮春巻を料理書などで見てみると、中の具は春雨やたけのこ、にんじん、さやいんげんとまちまち。対して京都の春巻は、具のほとんどがたけのこ。しかもその量が圧倒的に多いのが特徴だ。

この「卵皮たけのこたっぷりタイプ」が京都の春巻の主流になったのは、「鳳舞系」(P154)の店が看板メニューとして出してきたことが大きい。市内に数軒点在しているので、「京都の春巻はどの店もこのタイプだ」と印象づいたのだと思われる。

そんな「卵皮たけのこたっぷりタイプ」の春巻が、実は鳳舞系ではない[ハマムラ河原町店]にある。

「焼鰕捲《しゆはきん》（えびの春巻）」と品書きに書かれたこの店の春巻は、太い。鳳舞系の店の春巻は皮に卵色が残り、たけのこたっぷりではあるがほっそりしている。対して「ハマムラ河原町店」の春巻は、たけのこがたっぷりというよりぎっしりで、卵皮もしっかり揚がり、こんがり焼いたパンのようなこうばしさだ。

「あの皮ね、結構手間かかるんです。小麦粉と卵をぐるぐる混ぜて、もちもちさせるためにグルテン出して。それを中華鍋にうすーく流して、一回に20本分くらい焼くかなあ」

3代目店主の濱村吉行《はまむらよしゆき》さんが教えてくれた。具は、たけのこ、えび、白ねぎ、焼豚をすべて手で千切りにし、醬油と日本酒で味付けする。それを冷ました皮で巻き、一度素揚げして、注文後にもう一度揚げる。

「うちの春巻、たけのこの量がすごいでしょ？　春巻1本にたけのこ1個分は使ってるんちゃうかなあ」

昭和12（1937）年開店の「ハマムラ河原町店」は、大正時代、京都初の中華料理店として祇園に創業した「支那料理ハマムラ」（P179）の料理を今に引き継ぐ、唯一の店。「炒什砕《ちようちやぶすい》（肉、えび、野菜の炒めもの）」など、創業当時の面影を残すメニューもいくつか見られる。

鷹峯《たかがみね》にある源光庵《げんこうあん》の〈悟りの窓〉と〈迷いの窓〉みたいな1階席の窓。なぜ○と□なのかと濱村さんに訊ねたら、「ほんまやね。なんでやろ」とわからずじまい。〈悟りの窓〉の前の席に座っていた中京区育ちっぽいお姉さんが、「麺かため、ねぎ多めで」と「又焼麺《ちゃしゅうめん》」を頼んでいて、実に格好よかった。

その味の基礎は、「支那料理ハマムラ」にいた中国人料理長・高華《こうか》吉《きち》さんが築いたといわれている。中華食材が手に入りにくい中、中華料理に免疫のない京都人に好かれる料理を作るため、かなり苦労したらしい。実は、この高さんが「卵皮たけのこたっぷりタイプ」の春巻を供する鳳舞系の師匠なのである。

高さんがのちに開店した「鳳舞」のメニュー表には、春巻は「韮黄《ニラ》春巻《マキアゲ》」と書かれていた。「韮黄」とは、中国野菜の黄にらのこと。が、店の春巻には少量の青にらと、やはり大量のたけのこが使われていた。憶測の域を出ないが、高さんが「支那料理ハマムラ」にいた時代、黄にらが手に入らず、たけのこの千切りで代用することを考えついたのではないか。あるいは、日本一といわれるたけのこの名産地で育った、無類のたけのこ好きの京都人のために、この春巻を編み出したのかもしれない。

そんな老舗らしい話を持つ「ハマムラ河原町店」だが、その料理は、やはり京都好み。下味ににんにくを使わない「とり肉のからあげ」、脂身のない豚ロースに、砂糖をおさえた甘酢をからめる「すぶた」など、薄味でさっぱりした一品が揃う。

「ハマムラさんとこは〝へんな中華〟やなあ、って同業の仲間にも言われるんです。中華の基本の二度揚げもほぼせえへんし、料理酒は日本酒を使うし、にんにくよりしょうがの方が使う量だんぜん多いし……。でもそれがええ、と言わはるお客さんが多くいて、驚くんです、ぼく(笑)」

この店の大きな窓ガラスをへだてて聞く、河原町の喧噪が好きだ。濱村さんが言う「へんな中華」はこの喧噪にもまれて育った味だと思うと、そのおいしさがしみじみと舌にのる。

取材中、一人で1万円分の料理持ち帰り(!)をオーダーしているマダムに出会った。ここの中華が大好きな東京の知り合いに急速冷凍して送ってあげるのだという。街に出ると、本当にいろいろな話に出合う。

〈追記〉[ハマムラ河原町店]は平成26(2014)年に閉店。同年の秋、濱村さんが京都府庁前に[京都中華ハマムラ]として移転オープンされました。「えびの春巻」をはじめ、往年のメニューも健在です。

もちもち衣の大えびの天ぷら

ぎをん森幸《もりこう》（白川三条）

「ぎをん森幸《もりこう》」は、柳並木が目に涼しい、白川のほとりにある広東料理店。ここの名物「大えびの天ぷら」の特徴は、ぽってり分厚い、その衣。揚げたてなのだが、サクサクではなく、しっとり、もちもちしているのである。でも油っぽさやべたつきはなく、弾力のある大えびの甘みと共に、粉の旨みがしっかりと楽しめる。なんとも不思議なえび天だ。

「これね……古い常連さんから一番チェックが入るメニューなんです。衣の揚がりが悪いんちゃうか、前より小さなったんちゃうか、今日あんたが作ったんちゃうやろ、とかね」

そう困り笑いしながら、2代目店主の森田恭規《もりたやすのり》さんが話してくれた。

大えびの天ぷらは、先代の頃からある店の看板メニュー。気になる衣の材料は、卵、小

右／お土産に買って帰る人も多い自家製の「じゃこ山椒」は、森田さんの義母の手作り。中華料理の後に、ちりめん山椒とごはん、熱いほうじ茶でさっぱりできるのはきっとここだけ。左／コース料理にも必ず登場する「大えびの天ぷら」。塩・胡椒はもちろん、カラシ醤油で食べてもおいしい。

麦粉、片栗粉。もうひとつの看板メニュー「春巻」の皮とまったく同じ材料だ。

「春巻の皮はつやが出るまでこねて叩いて生地に力《リキ》を出す。でも大えび天の衣は、ふわっと混ぜるだけです。揚げてもしばらくベチャッとしない今の配合に落ち着くまでは、親父がかなり研究したみたいですけどね」

「ぎをん森幸」は、友禅染の呉服商の家に生まれた先代が、戦後、京都駅前の「ハマムラ」や「飛雲」などで修業を積み、昭和30（1955）年、四条堀川に開店した。実家の商売柄、呉服関係のお客さんが多かったそうだ。バブルの頃、香港人シェフを迎えて本場の味を目指したが、なかなか思うように評判を得られず、やむなく閉店。息子の森田さんが一念発起し、3年の月日をかけて、今の場所で再スタートした。

「初心に帰ろう、ぼくが小さい頃に食べてた親父の味に戻そう、そう決心して再開しました」

例えば、店の味の決め手となる、基本のスープ。初秋の「さといものスープ」、真冬の「聖護院かぶらの上海蟹あんかけ」など、森田さんは季節ごとに替わる新メニューの考案にも熱心だ。でも、この基本のスープだけは「鶏の頭のみでとる親父のやり方」を守っている。

「ここは、ぼくよりお客さんの方が味を知ったはる店やから。『あんたとこ、一時はおいしなかったなァ』と辛口の冗談を言いながら、親子3代で来てくださるお客さんがいるのは本当にありがたいですね」

やさしい衣に包まれているのは、大えびだけでないようだ。

さいころ大に切って揚げた脂身なしの豚もも肉に、パイナップルが2きれ。これで完成形である。これほどプレーンできれいな味の「すぶた」をほかに知らない。

はちみつ色のすぶた

糸《いと》仙《せん》(上七軒)

もしもあなたが［糸仙《いとせん》］の「すぶた」を一度でも食べたなら、何の説明もなくテーブルに置かれたとしても、それが「糸仙のすぶた」だとわかるだろう。はちみつみたいなたれがとろりとかかった、ほぼ豚肉だけの、黄金色のプレーンなすぶた。「ひと目でその人が作ったとわかる何か」、それを意匠と呼ぶならば、［糸仙］のすぶたには意匠がある。

京都にある五花街《ごかがい》のうち、最も古い歴史を持つ上七軒《かみしちけん》。この花街の紋である「五《いつ》つ団子」のちょうちんを軒先にさげた［糸仙］は、昭和56（1981）年、組紐職人だった内《うつ》海《み》博史《ひろし》さんが開店した広東料理の店。

「長いこと組紐やってたけど、だんだん需要が減ってきてね。たまたまぼくの親戚が［芙《ふ》蓉園《ようえん》］（P44）やったもんで、子供の頃からアルバイトやらさせてもろてて、こんな商売してみたいなあ、と思てたんです。それで、うちの家内の里《さと》が［登里新《とりしん》］ていう上七軒の京料理の仕出し屋さんやったんで、お義父さんに相談して、たまたま空《あ》いてたこの建物で店させてもらうことになったんです」

35歳で組紐職人から中華の料理人へ。なかなかの大転身だ。［芙蓉園］には1年、修業に入った。

「親父に1年でなんとかせい、と言われてね。必死やったたな」

その甲斐あって、店は西陣の旦那衆や組紐関係の人でにぎわった。店にずらりと貼られた名札が物語るように、上七軒の舞妓・芸妓さんもご贔屓筋。味はもちろん、食べ姿にもこだわる彼女たちの注文に磨かれた料理は、ひとつひとつが楚々として美しい。例えば手焼きの卵皮の「はるまき」などは、どこのものよりほっそりとしていて、品がある。

「こんな太いはるまきよう食べへん、もっと細く巻いて、とか、芸妓さんからむちゃくちゃ言われたな。今はなんとか形になってるけど」

そういえばすぶたの肉も、さいころのようにコロンと小さい。

「昔はもっと小さく切ってたけど、この頃はじゃまくさなってきて、だんだん大きなってってるわ（笑）」

そんなすぶたのたれは、水、砂糖、醤油、酢、塩で作っている。酢は、開店以来、西陣の「林孝太郎造酢《はやしこうたろう》」の酢しか使わない。

「うちの酢豚にはそのお酢しかよう使わへんねん。まったりしてて、ちょっと甘い。お寿司屋さんにはお寿司屋さんのお酢があるいうやん？」

内海さんは、砂糖や醬油やみかんを「おさとう」「おしょうゆ」「おみかん」と呼ぶ根っからの京都弁の持ち主。が、その風貌は、ごましお頭で棟梁のよう。いつも白のとっくり

廣東料理
糸仙
京・北野上七軒
電463－8172

右／鶏がらスープがお吸い物のようにおいしい「やきぶた汁そば」。プリプリの自家製の平細麺は、なくなるたびに内海さんが打つ。打ちたての麺を並べたバットが、手作りのさらしの巾着に入れられていた。［糸仙］のロゴは組紐職人である内海さんの父が考えたもの。「仙」の字が組紐台にも見える。
左／昔はお茶屋さんの建物だったという小さな店はこの日、満席。「ようこそ、おおきに」。秀子さんのハリのある声が、路地にやわらかく響いていた。紺ののれんは初夏になると白生地に衣替えする。

シャツにブラックジーンズ、そして大の阪神ファン。どこまでもさっぱりとした職人肌。その屈託のない話し口調に魅了されてしまう。

「はるまきのたけのこが、まるで糸のように細く切られてますよね」

「あ、そう?」

「すぶたが本当おいしくて……」

「真似しよと思たらできるで」

「たった1年で中華を習得するのは、さぞかしご苦労を……」

「大将の横っちょで見てたり、返ってきた皿ぴっとねぶったりしてただけ。そんなんやで。そんなカンジ」

一見、とりつくしまがない。でもちゃんと気づいている。[糸仙]には何度か取材に来ているのだが、2年前の取材の時も、今回の取材の時も、内海さんが打ちたての麵を用意し、スープも時間に合わせて仕込んでくれていたことを。別に取材用にしてくれているわけではないのは、言葉を交わしていればわかる。

「せっかく来てくれたはるさかい」

「しゅうまいのミンチも、やきぶたも、麵も、はるまきの皮もみな自分でやる。だってお客さん、遠いとこから来はるやん？　バス乗って、電車乗って、タクシー乗って……」

「この厨房、あつらえやさかい。一番ええステンで、オールステン。タイルやと目地《めじ》が汚れるからいやなんや。カウンターに座らはるお客さん、油たれてんの見るのいややん？」

「汁そば写すん？　汁そばよりやきそばの方がええで。あの麵、手間かかってんねん。打つやろ、干すやろ、蒸した後に、もいっぺん干して、注文入ったらまたゆでて……」

「おとうさん！　汁そばがええ言うたはるやないの」

そばで聞いていた妻の秀子《ひでこ》さんが内海さんをたしなめる。共に上京区生まれの上京区育ち。たまらなくいい感じのご夫婦なのである。

ところでここ数年、［糸仙］の品書きには、「小海老のチリソース」や「とり肉とカシュナッツの炒め」などの新メニューが顔を見せている。東京や横浜で10年間、中華を学んできた次男の大輔《だいすけ》さんが、一緒に厨房に入っているからだ。小学校の卒業文集にすでに「店を継ぐ」と書いていたという大輔さん。その目に、父の料理はどう映っているのだろう。

「親父の料理で作るのが難しい料理というのは……あんまりないです。ぼくも10年やってきたので、教わらなくても見てたらわかるし。職人て、そういうものじゃないですか。それより、親父とおかんが作ったお客さんを受け継ぐのが難しいんやろなと思ってます。ぼくが親父の味を完璧に作ったとしても、お客さんが納得しなければ終わりなので。そこが一番、後継ぎの難しいところですね」

内海さんと秀子さんが、ほかの用事をしながら、息子の言葉ひとつひとつにじっと耳をすましていた。

京都は職人の街だ。我《が》を出さず、しかしここだけはゆずれないという自律を持ち、与えられた条件の中で粛々と工夫をこらす職人が、どこよりも尊ばれてきた街である。

いつだったか、京都のある和菓子職人さんからこんな話を聞いたのを思い出す。「職人は芸術家ではないのです。お客さんの趣旨をくみとり、技術を使って形にする。それが職人の仕事です。それが意匠というものです」

花街・上七軒の嗜好に合うように工夫されてきた「糸仙」の料理には、ひと目で「糸仙」の料理だとわかる何かがある。のれんには、「もう糸はせん（仙）」というしゃれでつけた店の名と、組紐職人だった内海さんの、抜きがたい職人気質が染め抜かれている。内海さんの料理には意匠がある。そしてきっとこれからの大輔さんの料理にも。

京都の職人の仕事には意匠がある。そして「京都の中華」にも、意匠がある。

「やばい」「神やな」

その日、「駱駝《らくだ》」で会った学生さんたちは、彼らのコトバで「雲白肉《ウンパイロウ》」のおいしさを最大限に表現してくれた。彼らは「駱駝会」なる会を組んでいて、メンバーの誰かがこの店に行く時は声を掛け合う決まりらしい。

「ここの麻婆豆腐にハマりすぎて、学祭で四川麻婆豆腐の屋台も出しました。中華はここ以外行きません！」

すでにお代わり3杯目の白ごはんをかき込みながら、会の活動報告と今後の方針まで発表してくれた。

［駱駝］は、京都造形芸術大学《きょうとぞうけいげいじゅつだいがく》近くにある四川料理の店。グリーンの屋根と手作りの木製看板がマイペースな空気を感じさせる、いかにも左京区っぽい店だ。ここには学生街らしく「駱駝セット」なる夜定食が7種類も用意されていて、ひとりで来ても中華が楽しめるようになっている。

「ごはんのお代わり自由でーす」

芸大生風のアルバイトの女の子が、学生街ならではのひと言と共に、「雲白肉＋青菜炒め」の駱駝セットを差し出してくれた。ひとり用のセットながら、かなりインパクトがある。まず、げんこつ状に盛られた薄切りの豚ばら肉。中はリボン状にスライスしたきゅうりだ。醬油だれの八角の甘い香りが食欲をそそる。豚ばら肉を慎重にくずし、たれをからめ、きゅうりを巻いて口に放り込む。「やばい」「神やな」……とはつぶやかなかったが、これは唸るおいしさ。豚ばら肉はやわらかいのにかみごたえがあり、脂身の部分もなぜか肉みたいに弾力がある。きゅうりとの相性も抜群だが、肉でごはんを巻いてもまた格別。

「雲白肉は、伝統的な四川料理です。四川はいつもくもり空なので、豚ばら肉を棚びく白い雲に見立てて、この名前になったと聞きました」

店名のらくだのようにおっとりした雰囲気を持つ、店主の高橋務《たかはしつとむ》さんが教えてくれた。

雲白肉のセットは、店の看板の「麻婆豆腐」のセットと肩を並べる人気メニュー。脂身まで肉々しかったあの豚ばら肉は、京都産もち豚の皮付きばら肉だそうだ。

「ある日、四川省から来られた中国人のお客さんがうちの雲白肉を食べられて、『皮付きの豚ばら肉じゃなきゃ雲白肉じゃない』と教えてくれたので、替えてみたんです。それまでは脂身を残される方もいたんですが、今はまったく残ってきませんね」

突然の来訪者の助言を飲む素直さ。この話も実に左京区っぽい。

平成8（1996）年に開店した［駱駝］は、大学時代を京都で過ごした高橋務さん・乃部子《のぶこ》さん夫婦の店。横浜中華街の四川料理の先駆けとして知られる［景徳鎮《けいとくちん》本店］で修業し、いつか店を持ちたいと考えていた京都の学生街で念願の店を持った。しかし当時、関西では四川料理がほとんど知られていなかった。

「担々麺って何？　という状態からのスタートでしたね。麻辣《マーラー》（とうがらしと山椒）を思いっきり利かせた四川の麻婆豆腐なんて、もうびっくりされるだけ。普通のえび天はないの？　と言われたりもしました」

開店当時の様子を乃部子さんが振り返る。普通はそこで辛さをやわらげるなど対策をとりそうなものだが、高橋さんは「ふっきる」方へ進んだ。

右／夜の定食のひとつ、「雲白肉+青菜炒め」のセット。重ねた豚ばら肉の中は、包丁でスライスしたきゅうり。八角、陳皮、桂皮で香りをつけた自家製の「甜醤油《テンジャンユ》」をベースにした甘いたれをかけ、仕上げに辣油《ラーユ》をたらす。有機栽培の中国青菜の炒め物も嬉しい。ごはん、スープ、ザーサイ付き。
左／京都外国語大学に通う「駱駝会」のメンバー4人組。クリスマスの日もここで晩餐会をしたそうだ。「雲白肉も、麻辣麺も、この店で初めて知りました」。

「四川省の［陳《ちん》麻婆豆腐店］という麻婆豆腐発祥の店で麻婆豆腐を食べた時、そこで生まれた料理は、そこの伝統的なやり方で作った方がやっぱりおいしいと確信したんです。もう誰が何と言おうと麻辣を利かす！　と決心しました。そこからですね、どんどん学生さんのお客さんが増えたのは。すごく反応が早かったです」

そんな高橋さんの決心が呼び寄せたのか、今やこの界隈には四川料理の店が3、4軒ある。ある店では、男子学生のグループがわらわらとやって来て「とうがらしマーク最高のやつ、上から順に食おうぜ」と話していて、たのもしいなと感心しきり。そういえば駱駝会のメンバーも、［駱駝］の麻婆豆腐を初めて食べた時、「ひと口で米2升いけると思った」と言っていた（2升ってすごい）。

時として、食べ慣れた味を大事にしすぎる京都の街。そこに風穴が開くのは、いつもこ左京区からだ。こってりラーメンにしろ、本格四川料理にしろ、「やばくて」「神な」新しい味は、いつの時代も学生さんのたくましい胃と、まだ何色にも染まっていない、まっさらな若い味覚が連れてくる。

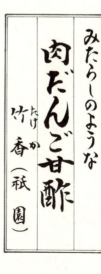

みたらしのような
肉だんご甘酢
竹《たけ》香《か》（祇園）

「うちの甘酢、みたらしみたいでしょ。酸っぱいのが嫌いな方も、うちの甘酢やったら食べられると、よう言うてくれはるんです」

「肉だんご甘酢」の美しさに見とれていると、「竹香《たけか》」の若女将《わかおかみ》・永田《ながた》由美子《ゆみこ》さんが絶妙な例えをしてくれた。整然と並ぶ肉だんごにかかったべっこう色のたれは、確かにみたらしだんごのあんのよう。

「このたれは、いいお酢でないと出来ないんです。父の代から懇意にしてる京都のお酢屋さんに何度も何度も探してもらって。米酢独特のまろみはあって、でも香りは強すぎないお酢がうちの甘酢には合う。そのお酢を、ツンとした刺激が飛ぶまで炊いて仕上げるのが、まるでみたらしだんごが4本、並んでいるような「肉だんご甘酢」。自家製ミンチをまるめてサックリ揚げた、素揚げの肉だんごの肌にからまる甘いたれがたまらない。レタスのカップに入った紅しょうがが、舞妓さんの紅のように愛らしい。たまにつまむと、おしるこの塩昆布みたいで、いい塩梅。

左上／若女将の永田さん。幼稚園の頃からエプロン姿で店を手伝っていたそうだ。左下／持ち帰りの折には白菜や豚、鶏、えびなどの中華食材が描かれた掛紙とシデ紐がかけられる。絵は永田さんの祖父が描いたもの。

101　竹香

この甘酢です」

酢の刺激が飛ぶまでとは、徹底的。確かに「すぶた」にしろ、「鶏栗甘煮」（追記／現在は終了）にしろ、［竹香］の中華は甘口だ。

「甘すぎるとおっしゃる方も中にはいます。でもこの味がお好きな方も多いので。父が言うてました。『10人中10人においしいと言うてもらわんでも、8人がおいしいと言うてくれたらそれでいい』って。万人受けする中華ではなく、竹香らしい中華でありたいと思ってます」

永田さんの父・池永《いけなが》哲也《てつや》さんが始めた［竹香］は、昭和41（1966）年の開店。元は、祇園の名妓であった竹香さんにゆかりの深い旅館だったが、［芙蓉園《ふようえん》］（P44）で10年の修業を終えた哲也さんが独立する際、縁あって屋号と建物を受け継ぎ、広東料理店となった。

「父が祇園という地域で中華をするにあたっては、多くの壁がありました。まず、にんにくはアウト。にら、ねぎもダメ。たまねぎは香りがなくなるまで炒めるか、形がなくなるまで小さく切る。ラードは使わず、香辛料は胡椒のみ。八角も使いません。父が［芙蓉園］さんで学んだ料理もにおいの強い中華ではありませんでしたが、輪をかけて祇園流の味にしないといけなかったんです」

祇園では、どうしてそれほどまでに「におい」が厭われるのだろう。

「芸妓さん、舞妓さん、ホステスさんなど、夜のお仕事に向かわれる女性がおもな常連さんやったんです。その方たちが出勤前に食事されて、後の仕事に響くものはダメ。今でこそ『今日、焼肉食べてきてん』もありですけど、当時は、芸・舞妓さんのごはんたべ（花代をつけて食事に連れていってあげること）や、ホステスさんの同伴では、その後に会うお客さんに、前のお客さんのにおいを感じさせるのはタブーでした」

ひとときの夢を見させる夜の街では、においというものが物理的にも精神的にも作用してしまうのだ。

そんなにおい控えめの［竹香］の料理は、ほかの京都の中華料理店に違わず、値段も控えめ。ぽってりした「やき豚」、皿に油の跡が残らないほど軽やかな「鶏天ぷら」、銀杏入りの甘いミンチがたまらない「レタス包」、鍋焼きうどんみたいな「五目かやくそば」など、ひと通り食べて飲んで二人で６０００円ほど。店内はすっきりとした数寄屋風で、誰を連れていっても恥ずかしくない。風情あふれる祇園にあって、家族連れ、出張中の会社員、着物を着たママが同居する店もそうないだろう。永田さんが、ふふ、と笑った。

「ホステスさんもね、うちやとお客さんに『ごはん連れてって』と言いやすいらしいです。

まずいのはいややけど、あまり高い店はねだりにくい。でも竹香さんやったらおいしいし、安いし、それに恥かかされへんと言うてくれはります」

おねだりする女性の方も、いろいろと気を遣っているのである。

「うちはあっさり、少々甘め。主人はいつも女性に好まれる料理を作りたいと言うてました。女の人がおいしいと言うたら男の人もおいしいと言わはるはずやと思てたみたいです」

そう話すのは、永田さんの母である女将《おかみ》の池永靖子《やすこ》さん。小柄だが、キリッとした雰囲気の持ち主だ。後日、店で食事した時にお会いしたのだが、見るともなく全体を見て、なじみのお客さんがやって来ると静かに声を掛ける姿が印象的だった。

祇園は「女」の街だ。お座敷遊びに席を貸すお茶屋さんも、芸・舞妓さんが暮らす置屋さんも、主は女将、女性である。この街の主は女。そしてこの街の味を決めていくのも、また女たちなのである。

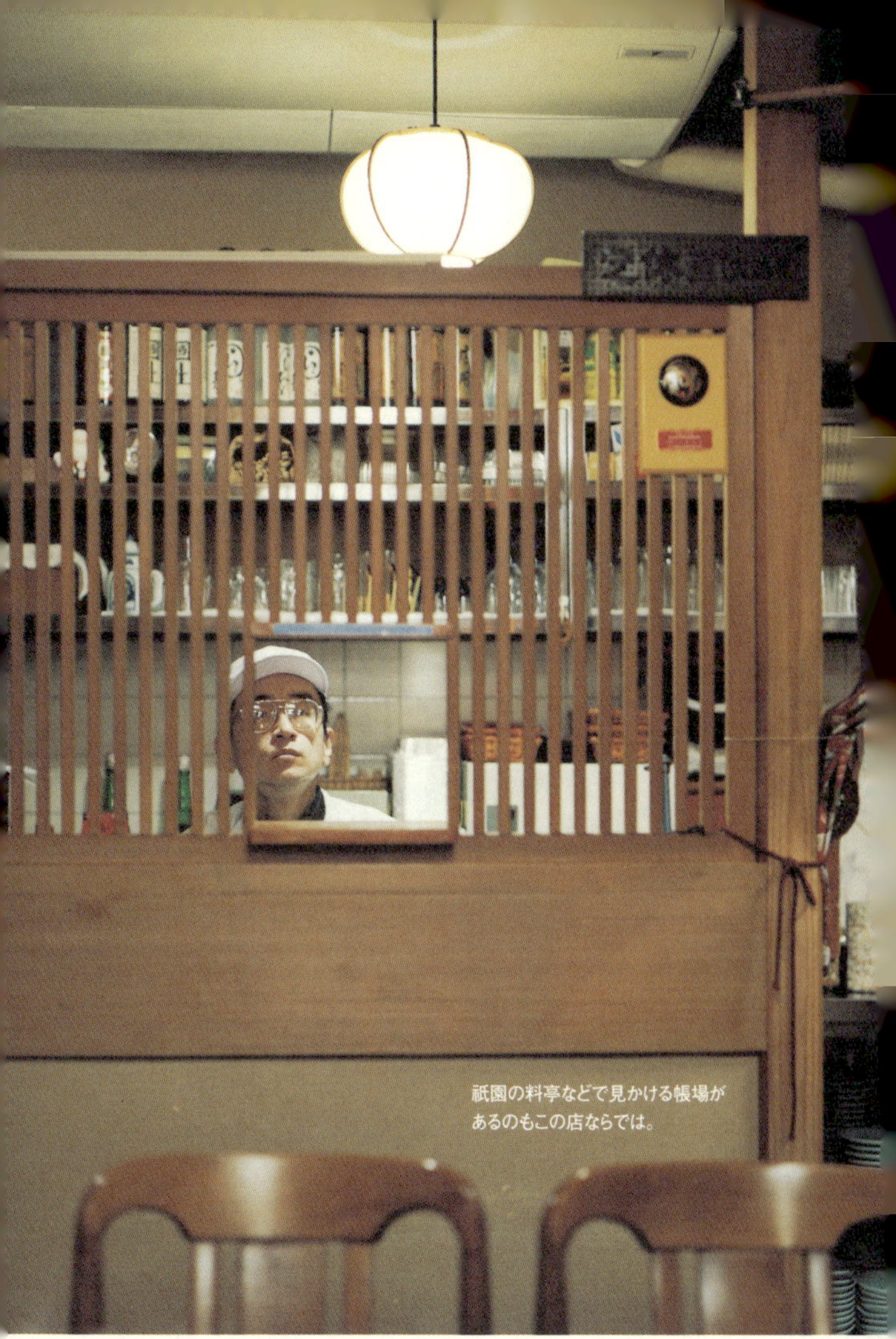

祇園の料亭などで見かける帳場があるのもこの店ならでは。

かやくごはんのような焼《やき》飯《めし》 盛京亭《せいきんてい》（祇園）

「うちは、お材料は全部、オーダーが入ってから切るんですね。ちょっとお時間がかかっちゃうので、少しだけ先に切っといたら？　って主人に言うんですけど、乾くからダメ！　って。ホント頭が古いというか……」

「池波《いけなみ》（正太郎《しょうたろう》）先生、昭和63年の時点で、うちの店のこと『むかしの味』って本に書いたはるしな（笑）。今さら、やり方変えてもしゃあない」

祇園は四条通、針のように細い細い路地の奥。「盛京亭《せいきんてい》」の上田《うえだ》隆雄《たかお》さんと泰子《やすこ》さん夫婦のやりとりに、思わず噴き出してしまった。

ここは、上田さんの父である初代が、昭和26（1951）年に始めた北京料理の店。初代は、今はなき東京の「盛京亭」で修業。第二次世界大戦中に中国・山東省で炊事兵として従軍し、その後、京都で結婚したのを機に、現在の場所に店を構えた。

「開店当初は、なんせ大変やったと聞いてます。祇園の芸妓さんやら旦那衆から、こんな油っぽすぎる、こんな味濃いの食べられへん、って毎日のように怒られて、怒られて。それでようやく今の味になったんや、って親父がよう言うてました」

17歳の頃、皿洗いから店の修業に入ったという上田さんが、先代の言葉を振り返ってくれた。

そんな洗礼ともいうべき祇園のしきたりに磨かれた結果、使う油はさっぱりとした大豆の白絞油《しらしめゆ》に、塩っ気はとことん控え、スープは毎日とり直すあっさりとした鶏がらと青ねぎのスープになった。特に、上田さんが「茶色い味の料理」と呼ぶ醤油系の料理は、濃口醤油と砂糖で炊く自家製の「焼き豚」のたれで味付けする、独特のスタイルになった。

そのためだろう、「盛京亭」の中華の味はまるい。やさしい味というより、濃く甘辛い味の粒子を磨きに磨いて摩耗させ、つやのある玉にしたような味だ。それが一番わかりやすく楽しめるのが「焼飯《やきめし》」である。

「うちの焼飯、かやくごはんみたいでしょ。具を先に炊いて、味付けしてあるんです。さ

たけのこ・にんじん・自家製の「焼き豚」・生豚肉を甘辛く炊いたかやく（写真右）を、ごはん、卵、グリンピースと共に炒めた「焼飯」。お箸で焼飯のごはんを食べ、残ったかやくをつまみに一杯飲む人もいる。弟子が多かった時代は、このかやくの具をさいの目に切ることから修業が始まったそうだ。

いの目に切ったたけのこ、にんじん、焼き豚、それから全体に旨みが回るように、生の豚肉も入れてます。それを焼き豚のたれで炊いて、冷まして、味を染《し》ます。具を炒めないので、油が少なくて済むし、冷めてもおいしいんですよ」

よかったらどうぞ、と上田さんが焼飯を勧めてくれた。極彩色の花が描かれた八角形皿と、小ぶりのレンゲが愛らしい。早速、ひと口いただいてみる。米はぱらりとほぐれるが、油っ気はみじんもない。米に対して具は多め。コリコリとしたかやくの甘辛さがかむほどにじわりとしみ出し、最後のひとさじまでおいしい。

焼飯のほかにも、たけのこ・しょうが・ねぎなどの千切りを炒めた冷菜「八宝糸《はっぽうす》」、鶏がらスープで卵をスクランブルエッグ状に仕上げる「かに玉煮つけ」など、お箸でゆっくりつまめる小盛りの一品が揃う。

「うちは基本の盛りが1人前なので、おひとりのお客さんにも喜ばれるんです。おひとりで来ても、3、4品は食べてもらえると思います」

そう、この店は、ひとり客も多い。厨房を前にした木のカウンター席があり、野菜を切る音を聞いたり、炒める様子を眺めながら、自分の料理が出来上がるのを待つ。上田さんのまな板もカウンターの前にあり、材料を切りながらお客さんと話す様子は、まるで割烹のようだ。品書きにも「その他、お好みにより、出来れば、料理いたします。」という一文がひっそりと記されている。

「カウンターで、お客さんの要望を聞きながら料理を作るという形も、京都でうちが最初にやったみたいです。今はおなじみのお客さんにしかさせてもらってないんですけどね」

このかやくごはん風の焼飯や1人前盛り、割烹風カウンターなどのスタイルは、「盛京亭」出身の主人が営む「盛華亭《せいかてい》」（P24）や「八楽《はちらく》」（P62）でもとられており、「盛京亭系」などと呼ばれて「京都の中華」の二大系譜のひとつになっている。

と、夜の開店に向けて仕込みをしていた上田さんが、まな板の上で、魚をさばくような動きをし始めた。

「これですか？　たけのこの下ごしらえをしてるんですわ。我々は『たけのこの三枚おろし』と言うてます。たけのこを外、中、頭の3パーツに分けて、外は牛肉ピーマン炒めや八宝糸、中は焼飯のかやく、頭は酢豚なんかの炒め物に使ってます」

中華の取材で、三枚おろしという単語を聞くことになろうとは。

「北京料理の面影、もうあらへんね（笑）。でも、京都的な味とは対極の味やったから、変えやすかった部分もあると思うんです。異質な部分が京都の人の目に留まりやすかった

右／主人の上田さん。その足下は高下駄。底冷えする京都では、土間に長靴では冷えてしまうらしい。左上／厨房には日本料理用の道具も目立つ。まな板の右に立ててあるのは［有次《ありつぐ》］の中華包丁。左下／店は、祇園の細い路地の奥にある。歌舞伎役者や狂言役者などの出入りも多い。

というか。苦労はしましたけどね」

会っていきなりすぐ意気投合という奇跡を、この街は軽々しく信じない。見知らぬ誰かや何かと手をつなぐには、相応の時間が必要だと知っているから。しかし、決してはねつけはしない。排除するのではなく、手をつなぐ方法を探す。のどに引っかかった小骨が、自分の体の一部となるのをじっと待つ。「盛京亭」は、京都と中華が、長い時間と手間をかけてようやくつないだ手のあたたかみを、その味にとどめている。

ところで、上田さんは京都生まれの京都育ち、泰子さんは東京生まれの東京育ち。「とても偉い方」を仲人にお見合いし、次に会った時には結婚が決まっていた。実は、中華が嫌いだった泰子さん。いつでも東京に帰れるよう、カバンに新幹線の片道切符をしのばせ、京都へ嫁いだ。

一方、上田さんは、中華料理を作るのも、そして食べるのも大好き。休日にもしょっちゅう中華を食べに出かけるそうで、その食べ歩き話がまあ面白い。と、その時。

「そうそう。餃子の焼き加減なんかもね、焼く人によってぜーんぜん違うんですね！　鴨川沿いの○×□ってお店のコックさんが焼いた餃子なんて、ホント、パリーッとしてて……」

そのセリフの主は、上田さんではなく、なんと泰子さん。今や泰子さんも、すっかり中華フリークなのだ。品書きにある「サービスランチ」と3種類の「おまかせ料理」は泰子さんが発案したもの（2名で行くと、とてもお得）。今年で結婚35年目。かやくとごはんが寄り添うあの焼飯のように、あと4、5年は二人で頑張ろうと、路地奥の小さな店で明るく励まし合っている。泰子さんの片道切符は、もう必要ない。

右／上田さんと泰子さん。先代が修業した東京の［盛京亭］の写真を古い本で見つけたのでコピーを持っていったら、「初めて見た」とかわるがわるに喜んでくれた。左／店の名物のひとつ「八宝糸」。たけのこ・しょうが・ねぎなどをごま油で炒めた塩味の冷菜。たけのこのきんぴらのよう。

のっぺいのような天津飯

北《ぺ》京《きん》亭《てい》（大和大路五条）

五条通から大和大路通を北へ上がった角地にぽつん、と青い明かりを落とす「北《ぺ》京《きん》亭《てい》」は、昭和59（1984）年からある中華料理店。奥さんが注文をとり、ご主人が料理を作る、カウンター10席ほどの小さな店だ。名物のジューシーな「ギョウザ」や野菜の火入れ具合が完璧な「タンメン」、豆腐の味がちゃんとするやさしい辛さの「麻婆豆腐」など、どれも味はしっかりしているのに濃くはなく、ごはんだけ食べたい夜にも、一杯飲みたい夜にも、足が向く。

ここのメニューで一番好きなのは「天津飯」。こはく色の醤油あんをなみなみと深皿にたたえたその姿は、まるで「のっぺい」。のっぺいとは、卵焼きやかまぼこなどの具がのった「しっぽくうどん」にあんをかけた京都特有のうどんのこと。ふかふかのかに玉、絶妙のかたさに炊かれたごはんを、だしの利いたあんにとっぷりとからめて食べるおいしさは、京都の人々がこよなく愛するのっぺいの感覚に限りなく近い。

その天津飯のあんのベースであるこの店のスープは、京都では珍しく、鶏がらと豚骨でとられている。ご主人が午後6時の開店時間に一番おいしい状態になるよう仕込むスープは、豚骨＝こってり、という思い込みがくつがえる、くさみのまったくない、澄んだ味だ。

ここの料理にはにんにくも結構使われているのだが、とても上手に調理してあって「にんにくは香りを食べるものなんだな」と思わされた。

「料理にはすべて意味があるんです。豚肉でも、体に悪い脂は全部とって、いい脂だけ残してます。揚げ物にはレモンをその都度カットして添えて、一緒に食べてと必ず言います。レモンの酸はものすごく体にいいんですよ」

板前さんのような雰囲気を持つご主人は、横浜や東京で北京・上海・広東料理などを学ばれたそうだ。18歳で6、7人の部下を束ねていたというから、相当腕の立つ料理人だったのだろう。いつもピカピカの厨房にも、そんな料理人としての美意識が感じられる。

「うちは中華をやってますけど全然においしないでしょ。毎日掃除して、定休日には隅々

右／初めて店を訪れた日の帰り際、レジでおつりと一緒に店の名刺をいただいた。なにげなく裏返したら、演歌のサビの歌詞みたいなこのフレーズと目が合った。

左／深皿にたっぷりとそそがれた醤油あんに心奪われる「天津飯」。あんかけものがおいしい店には無条件に降伏してしまう。

夜中十二時三十分迄
TEL下さい
一時迄待っています

121　北京亭

までブラシかけますから。芸妓さんが来られても着物ににおいつかへんと言われます」

ここのお客さんは大人だ。そばにある花街・宮川町《みやがわちょう》の芸妓さん、歌舞伎役者、会社の会長・社長さん、プロの料理人までが、来やすい場所とは言いがたいこの店にやって来る。

「どんな偉い人でも、ここに来たら一般人。私、えこひいき嫌いなん。漬物サービスしよかなと思たら、常連さんでもいちげんさんでも、その場にいる人みーんなにあげる」

そう話すのは接客担当の奥さん。言葉がぽんぽん飛び出すので少したじたじとなるが、それはご主人が料理に専念できるよう、あるいはカウンターの場づくりに気を配っているせいであるのが、しばらくするとわかってくる。ご主人もこう言う。

「前にここでお座敷遊びを始めたお客さんと芸妓さんがおられて、『場所まちがってる』とはっきり言わしてもらいました。どの方もプライベートで来て楽しんでほしいですし」

こわい店だと思うだろうか。でも、えこひいきをしないということは常連さんも、初めて来た人も平等に扱ってもらえるということだ。大事にされるのはわきまえている客である。そして京都には、割とこういう店がある。

最後に少し書いておくと「北京亭」は臨時休業が多い。ご主人が体調をくずされる日があるためだ。それを知る人は店に電話を一本入れ、確認してから出かけるのだが、臨時休業の時、ご主人の声で入れられている留守番電話のメッセージが毎回違うことに最近気づいた。「電話かけてきてくれたお客さんに空《から》の留守電はいやや」と奥さんが言うので、「どんだけ熱あってもメッセージだけ入れに店へ来る」そうだ。

いい店は、入った瞬間、自分の中にぐっと何かがわきおこる。ここではものわかりのよい大人でいたいと、わきまえの心が自発的にたちあがる。

撮影後、食事中の女性に「お騒がせしました」と声をかけると、「ううん全然」とこちらを見もせず、手だけひらひらしてくれた。その人も、ごはんにあんをとっぷりからめ、「天津飯」をおいしそうに食べていた。

右／きっと店に来られたのだろう、カウンターの上に“ON《オーエヌ》”とご主人の写真があった。「こういうのあんまり飾らへんのやけど、王さんと長嶋さんは別格なのでね」。左／深夜1時まで明かりをともす。エドワード・ホッパーの『Nighthawks』みたいだ。

　北京亭

つーんと泣かせるカラシソバ

平安《へいあん》（祇園）

「平安《へいあん》」は、つーんと泣かせる店である。泣かせてくれるのは「カラシソバ」。そして祇園界隈で「おとうさん」「おかあさん」と呼ばれる元木登《もときのぼる》さん・恵美子《えみこ》さん夫婦である。

カラシソバとは、ゆでた中華麵をカラシ醬油で和え、上から鶏がら昆布スープのあんをかけたもの。あんには、えび、かしわ、青ねぎ、しいたけ、レタスなどが入っている。麵を和えるカラシが酢で溶かれているのも特徴だ。京都では「鳳舞系」（P154）の店で見られるメニューで、店によっては「撈麵《ロウメン》」「カラシ入そば」「エビカシワソバ」などとも呼ばれる。ちなみに中国・広東地方の「撈麵《ロウミエン》」はゆでた麵をオイスターソースなどで和えたもの、長野県伊那地方の名物である「ローメン」は羊肉を使った麵料理で、京都の撈麵とは全く異なる。

「ほんとの撈麵がどんなものかは知りませんけど、中国には冷麵がないので、こういうカラシを利かせた麵で暑い夏を乗り切ったんとちゃうかというのが、ぼくの想像です」

そう教えてくれた元木さんも、鳳舞系（元木さんは飛雲系と呼ぶ。理由はP158参照）の店である［第一樓《だいいちろう》］で長年修業し、カラシソバを学んだ一人。

「でも、そのままやと面白くないんで、ぼくは3段階で辛さを選べるようにしてます。小・中・高、どれにする？　とか言うたりして（笑）。そしたら『私、保育園！』『ぼく、大学生！』『わし、社会人！』て言う人まで現れて。保育園なんかで作っても意味ないわ！て言うてね。これはカラシの香りを楽しむ料理なんで、カラシが少ないと意味がない。麻薬やなくてカラシが切れた～、そう言うて食べに来る人、いますよ」

そう。カラシソバは一度食べるとくせになる。元木さんの話を聞いていたら、だんだん我慢できなくなってきた。カラシソバ、お願いします。

「小・中・高？」

では、中学生で！

「はい、おまちどおさん。下からよーく混ぜて食べてくださいね」

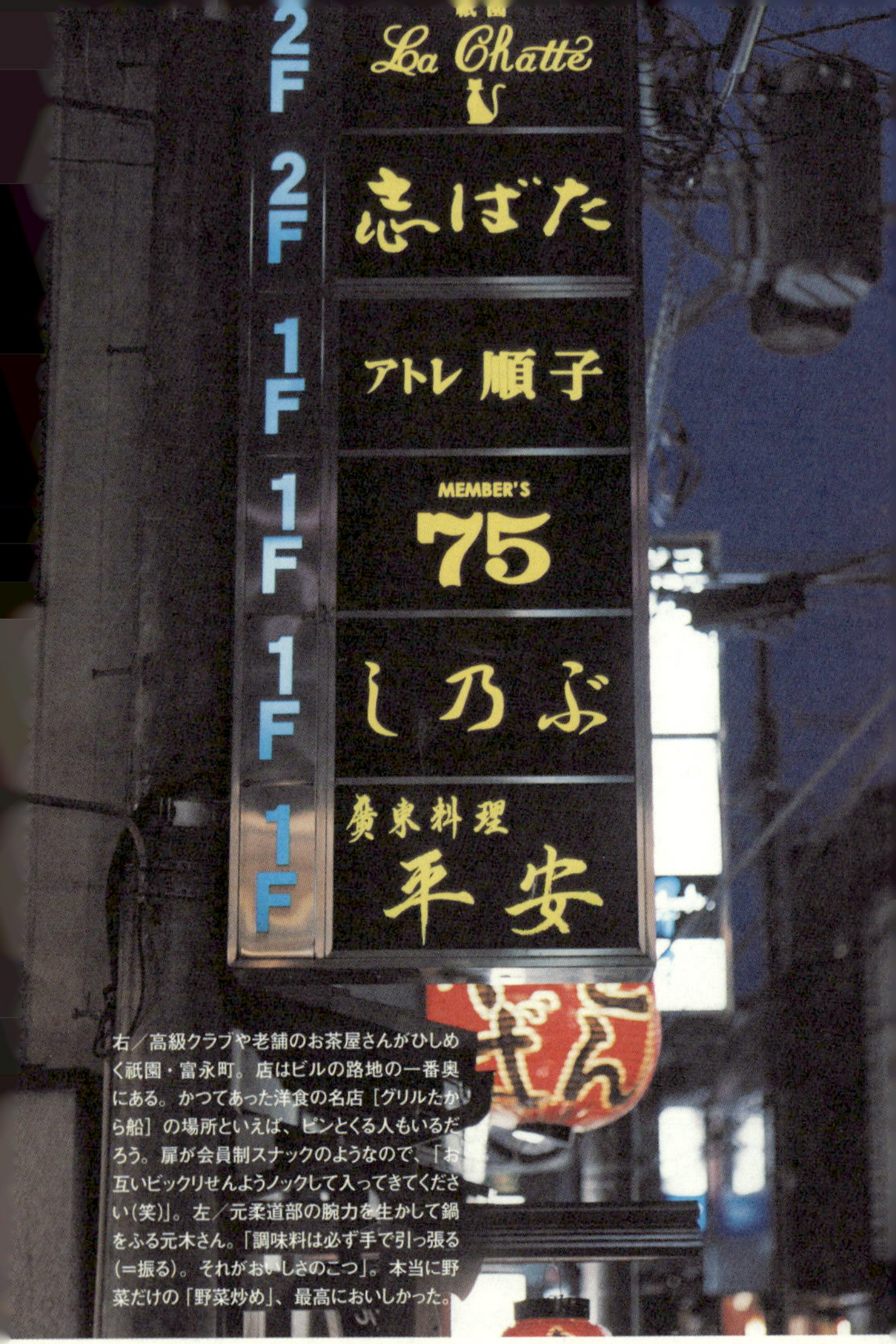

右／高級クラブや老舗のお茶屋さんがひしめく祇園・富永町。店はビルの路地の一番奥にある。かつてあった洋食の名店［グリルたから船］の場所といえば、ピンとくる人もいるだろう。扉が会員制スナックのようなので、「お互いビックリせんようノックして入ってきてください(笑)」。左／元柔道部の腕力を生かして鍋をふる元木さん。「調味料は必ず手で引っ張る(＝振る)。それがおいしさのこつ」。本当に野菜だけの「野菜炒め」、最高においしかった。

具はかしわ、えび、たけのこ、ねぎ、きくらげ、そしてレタスの豪華版。熱々のあんの中に箸を入れ、どんぶり鉢の底から、ぐいーっと麺を持ち上げる。鶏がらと昆布でとったスープに酢とカラシの香りが入り混じり、たまらない芳香を放っている。早く食べたい！　いや、まだまだ。もったりしていてかき混ぜにくいが、カラシが行き渡るまで辛抱する。まんべんなく混ざったところで、麺をズズと無理矢理すする。スープの旨みに酢と醤油の味が交錯して……来た！　つーん、とカラシの香りが脳天を突き抜ける。

「これはハマる人とあかん人にきっぱり分かれますね。中国の留学生は、カライ！　ゴメンナサイ！　言うて残してましたけどね。豆板醬《トウバンジャン》、そのまま食べる子やのに……。こういう、わさびとか洋ガラシの辛さは向こうの人、あかんみたいやね」

というより元木さん。これ、ほんとに中学生ですか？　かなりカラシ利いてますけど……。そうですか、そしたら今度から小学生ですねえ、となぜか嬉しそうな元木さんであった。

元木さんは現在、68歳。もともとは寿司職人を目指していた。就職先も決まっていたが、高校卒業と同時に大病にかかり、医者に「京都にいなければ命は保証しない」と言われたため、夢を断念。父の紹介で「第一樓」に入り、広東料理の修業を積んだ。その後、伏見などで中華料理店を営み、平成19（2007）年、祇園に［平安］をオープンした。

「［第一樓］時代、いろいろ学ばせてもらいながら、俺やったらこうするな、ああするな、というアイデアをいっぱいためてました。今この店で、それを全部やってますね」

カラシソバの「小・中・高」設定も、そんなアイデアのひとつ。ほかにも、ウスターソースの「焼ソバ」、片栗粉と小麦粉でこねてふわふわに仕上げた「肉だんご」など、裏メニューが表メニューと同じくらいある。

そして、いつもカウンター横でおだやかな笑みをたたえている妻の恵美子さんまで、裏メニューを持っている。「ヤキメシのおにぎり」だ。

「うちは昼の定食に付くヤキメシが単品と同じボリュームやから、舞妓ちゃんとか女性のお客さんが食べ残さはる時があるんです。それをおにぎりにしてあげたのが最初です」

このおにぎりが絶品。恵美子さんの手でふんわりにぎられるおにぎりは、冷めると米がもちもち、ヤキメシの味が全体にしみ込んで、出来たてとはまた別のおいしさ。店が混んでいない時にしか頼むことはできないが、恵美子さんが常連さんから「おかあさん」と慕われる理由がわかる、祇園にしかないおふくろの味なのだ。

「このヤキメシのおにぎり、クラブのママからよう出前の注文が入りますねん。持ってい

東料理
平安

右／一見、普通のあんかけそばに見える「カラシソバ」。このあんの下にカラシ醤油で和えた麺がひそむ。左／元木さんと恵美子さん。小さな厨房で「シュウマイ」も「春巻」もいちから手作りする。「夏の冷麺も食べてください。旨すぎてムカツキますよ」。ちなみにお二人のまかないの定番は恵美子さん手製の餃子。

きます、出前して帰ろうとします、そしたらママが、『まあ一杯飲んでいきぃな』とウイスキー出してくれます。仕方なしに一杯ごちそうになります（元木さん、架空の口元のウイスキーのしずくをぬぐう）。そしたら『ウイスキーだけ飲んで帰るつもりか』と言われて、一曲唄わされるんですわ。え、曲ですか？　もちろん裕次郎です」

まるで落語である。元木さんはこんな調子の「祇園小咄」をいっぱい持っていて、小さな店内はいっとき寄席のようになる。そしてどの小咄にも、元木さんのお客さんへの愛情がカラシのように利いている。

「今のお客さん、座るだけで5万円のクラブのソムリエ。前通るのはタダですよ。あの方、今、右手ケガしてますねん。だから左手で食べやすい丼もんを作ってあげるんです」

「炭谷銀仁朗《すみたにぎんじろう》、ぼくの後輩。西武ファンというよりこの子のファン」

「こないだ和食の有名な料理人さんが来はって台所じーっと見たはるし緊張するワと思たら、大将どうやって掃除してんの、やって。そしたら今度行かしてもらいまっさ、言うて掃除行かしてもらいましてん」

元木さんの額のあたりに、だんだんねじりはちまきが見えてきた。できる限りの要望に答えようとするその姿は、かつて目指した謙虚な寿司職人そのもの。つーんと泣かせる、昔気質の親分肌なのである。

　ところで元木さんが寿司職人になろうとした理由がもうひとつ。それは「実家の喫茶店を継ぎたくなかったから」。その喫茶店というのが、有名な「スマート珈琲店」の太秦店。そういえば寺町店のご一家とお顔がそっくりですね（親戚だそうだ）、と話していたら、なんとそのご一家が「平安」に食事に来られてびっくり。最後まで素晴らしいオチをつけてくれる元木さんなのだった。

青ねぎたっぷり
九条葱と蒸し鶏の汁麺
ぎをん翠雲苑《すいうんえん》（祇園）

四条通から花見小路通を二筋下がり西に入った細い路地を、ひそかに「九条ねぎ通」と呼び、愛でている。

九条ねぎがどっさりのった「ねぎうどん」がおいしい「萬屋《よろずや》」、そして数軒はさんだ同じ南側の並びに、ここ「ぎをん翠雲苑《すいうんえん》」があるからだ。

「ぎをん翠雲苑」は昭和37（1962）年創業の広東料理店。祇園に数ある中華料理店の中でも古い方だ。

「祖母が祇園の生まれで、『小龍《しょうりゅう》』という舞妓だったんです（なんと三姉妹で舞妓だったそうだ）。次男である親父は最初、佃煮屋をやりたかったそうですが、京都に佃煮屋はいっ

上／根来塗《ねごろぬり》の円卓に九条ねぎの青さが映える「九条葱と蒸し鶏の汁麺」。昼は点心、食べる辣油《ラーユ》、デザート付き。
下／帰り際、「よろしかったらおすべりどうぞ」と太田さんが靴べらを勧めてくださった。祇園に来ると、いつもひとつかふたつ言葉を勉強して帰る。掛かっているのは北大路魯山人の書。

ぱいあるし、中華の方が珍しさもあってええんちゃうか、ということで、京都駅の「ハマムラ」や「飛雲《ひうん》」で勉強させてもらった後、母の実家を改装して店を始めました。当時は祇園に飲食店自体が少なかった時代ですから、町家で中華というのは輪をかけて珍しかったでしょうね」

と、2代目店主の太田《おおた》磯一《いそかず》さん。店には小龍さんが懇意にしていた北大路《きたおおじ》魯山人《ろさんじん》や堂本《どうもと》印象《いんしょう》らから譲り受けた書や掛軸が飾られ、店の味と共に大事に受け継がれている。

この店を知ったのは、表に出ていた品書きの「九条葱をつかったセット」という文句に惹かれて、お昼を食べに入ったのがきっかけだ。その日は一人だったのだが、さざんかが咲く枯山水の庭に面した、4〜5人掛けの大きな円卓がある床の間付きの和室に通され、棚からぼた餅の気分だった。

「空《あ》いていれば、おひとりでも個室にお通しししています。お昼でもゆっくりと食事していただきたいので」

とは奥さんの佐知子《さちこ》さん。お昼のセットも、九条ねぎを使った汁麵や中華粥のほか、おこげのあんかけなど7種類のメインから選べ、点心3種類、デザート7種類から好きなものを付けて1500円と良心的だ。

私が好きなメインは「九条葱と蒸し鶏の汁麵」。太田さん曰く「白ねぎと焼豚の煮込みそばを京都風にしたもの」。熱々のピーナツ油をかけてしんなりさせた九条ねぎとやわらかい蒸し鶏を細ストレート麵にからめて食べるとこれが格別。毎朝、鶏がらと昆布でとるというスープにも九条ねぎの甘みが溶け出し、最後の一滴まで余さず飲み干してしまう。

選べる点心をつい「中華おこわの笹の葉包み」にしてしまうのできちんと知らなかったが、手作りの小龍包や海老蒸し餃子のあんにも九条ねぎを使ってるんですよ、と佐知子さんが教えてくれた。青ねぎ好きは関西特有の嗜好であるらしいが、九条ねぎ好き（というより、ねぎ＝九条ねぎ）の京都では、中華においてもやはり「青ねぎ主義」なのである。

8分待って冷めんハム入り
中華のサカイ本店（新大宮商店街）

早い・安い・ウマイが得意の中華にしては、ちょっと長めの待ち時間。「中華のサカイ本店」の「冷めん」には少しばかりじらされる。しかし、すべてはあの麺のためと、約8分、膝にこぶしでじっと待つ。

「はい、おまっとさんです」

きゅうりの緑、ハムのピンク、海苔の黒が愛らしい「冷めんハム入り」が到着した。とろみのあるたれを麺にからめてほおばると、こくのある甘みと酸味、つるつるもちもちの極太麺が、絶妙のハーモニーを奏でながらツツーとのどを通っていく。麺にあまりかん水のにおいを感じないせいもあって、よくできた冷製パスタを食べているようだ。

「冷めんハム入り」。昔は錦糸卵やえび、トマトなどものっていたが「うちのたれに合わないので、どんどん抜いていったらこうなりました」。焼豚入りと人気を二分するが、私は素朴な味わいのハム入り派。

「うちの麺、太いでしょ。生麺から8～10分ゆでますからね。親父と製麺所の大将が3年かけて作った特注の麺なんです。うちの冷めんはたれが変わってるので、たれとの相性でこの太さにしたみたいですね」

そう話すのは2代目店主の土田尚紀《つちだなおき》さん。昭和14（1939）年、初代が「喫茶サカイ」としてスタートしたこの店は、当初、喫茶と洋食を営む店だった（店にはその名残で「オムライス」がある。これが絶品）。しかし、戦後の食糧難で洋食を作るのが難しくなり、食材に無駄の出ない中華料理も始めるように。そして昭和28（1953）年、この一風変わった冷めんが誕生した。妻の美津子《みつこ》さんが嫁いできた昭和40年代でも、このたれの冷めんは珍しかったそうだ。

「一般的な甘酢だれの冷やし中華しか知らなかったので、へーえ、こんなたれの……と思いましたね。冷めん、という呼び方も珍しかったし」

そのたれは、「口が肥えてはった」という初代夫婦の努力の賜物。ごまだれのような色だが、ごまは使われていないそうだ。醤油に酢、砂糖、からしの風味も感じる、すべてが溶け合ったまるい味。冬には、コラーゲンがかたまっていることとも。

「鶏がらスープも入ってるからね。割合は……言えません」

「サカイの冷めん」は商標登録されているので、これ以上は企業秘密。たれは必ず土田さんが一人で作る。

「早い日は朝6時から仕込んで、自然に冷まします。夏は冷めにくくて大変やけど、その方がおいしくなるんです。舌触りがあらくなるというか、まったりするというか」

錦糸卵やえびがのった甘酢だれの冷やし中華も悪くないが、シンプルな「サカイの冷めん」により「ごちそう感」を感じるのはなぜだろう。その決め手はたれの「酸味」にある。京都では、「千鳥酢《ちどりす》」「玉姫酢《たまひめす》」などの老舗の酢がそうであるように、旨みで酸味を包んだようなまろやかな酢がよしとされ、「酸《す》い酸《す》い酢」は嫌われる。「何かが飛び抜けてインパクトのある状態」を嫌うのだ。冷やし中華のたれひとつとっても、ツンとした酸味より、角のとれた酸味を無意識に求めているのかもしれない。

「むつかしいことはわからへんけど、確かにうちのお客さんも、こっちがほんまの冷やし中華！　と言うてくれはりますね」

「中華のサカイ」がある新大宮《しんおおみや》商店街は、南北に１０００ｍ続く京都一長い商店街。南側にある織物の街・西陣の全盛期には「西陣の台所」としてにぎわい、北側からは賀茂《かも》の農家の「振り売り」のおばさんたちが、リヤカーに野菜などの収穫物を積んできて、その売

右上／3升釜で直火炊きしたごはんを、中華鍋でチキンライスにする「オムライス」。名作。右下／冷めんに大盛りが登場。具も麺も量が2倍。左／土田さんと美津子さん。店名の［中華のサカイ］は「引越のサカイ」に対抗して美津子さんが考えた。本書の題字はこちらの品書きを書かれている［旭看板店］の中尾《なかお》孝《たかし》さんにお願いした。

中華のサカイ本店

り上げでたんまりと買い物して帰る商店街だった。

「うちにもよく、空《から》になったリヤカーを店の前に止めて、ほっかむりのおばさんが食べに来られてました。今はさすがにトラックですけど」

振り売りがリヤカーだった時代、中華そば35円、冷めん60円。「サカイの冷めん」は、収穫物を売り切った後にふさわしい、ごちそうの味だったに違いない。ほっかむりのおばちゃんたちも、膝にこぶしで約8分、じっと待ったに違いない。

甘いおだしの キーシマ
やっ古《こ》（夷川室町）

京都の人は、素《す》うどん、素そばが大好きだ。そして「素・中華麺」も。

私の好きな「素・中華麺」は、昭和5（1930）年頃創業のうどん屋さん「やっ古《こ》」の「キーシマ」。うどんだしに中華麺を入れただけの、しかし実に味わい深い一杯である。

「40年ほど前、常連さんのご希望でお出ししたのが最初だったようです。うちの符牒で素そばを『シマ』と呼ぶことから、黄色いシマということでこういう名前になりました」

ご家族と共に店を切り盛りする、娘の川畑法子《かわばたのりこ》さんが教えてくれた。

かつおと昆布のだしにたゆたうのは、自家製の中華麺。麺をすすると、醤油・生ざら糖・みりんで味付けした甘いだしに引き立てられ、麺の風味がふわっと鼻孔を抜けていく。

右／なると入りの「ミニやきめし」は、昔、餃子などの中華メニューを出していた頃の名残だそう。卓上のウスターソースと相性抜群。左／色に例えれば生成りのような、かめばかむほど旨い味。「キーシマ」は店の名物だが品書きには書かれていない。「書くと必ず、これ何？　と訊かれるので」。

生ねぎが小皿で別添えにされているのも京都のうどん屋さんらしい（香りが強いので外に出しておく店が多い）。最初の4分の1は「素キーシマ」、4分の2からは「ねぎキーシマ」、4分の3以降は七味か山椒をふりかけて「ぴりりとキーシマ」を楽しむのが私の好きな食べ方だ。

「胡椒をかけるとラーメンになってしまうので、七味か山椒で食べてくださいね」

そう、キーシマ好きはこれをラーメンと区別する。あれくらいの中華味がいい、という人すらいる。

にんにく苦手。油っこいの苦手。香辛料苦手。でも中華が食べたい――。この京都の人々のややこしい味覚的心理が長い間、不可解だったが、キーシマを食べながら、ふと考えた。

「江戸のつけ味、大阪のだし味に対して、京のもの味である」と書いたのは、京都生まれの民族学者・梅棹忠夫《うめさおただお》（『梅棹忠夫の京都案内』）。確かに京都の人は、衣食住すべてにおいて、「もの」が持つ味を愛でるため、不要なものを「削《そ》ぐ」「抜き去る」、または「薄く味を付けて引き立てる」ことに腐心する。

「京都の中華」も同じかもしれない。にんにくのパワーではなく「香り」を、油の量ではなく「こうばしさ」を、強い火力で初めて知る「素材の味」を、かつお・昆布にはない「鶏がらだしの風味」を、和食にはない「ほんの少しの無礼講」を、私たちは求め、食べている。

中華麺を味わうため、いっさいが削がれたこのキーシマを見ていると、つくづく「京都の中華」的であるなあ、と感じるのである。

高華吉さんのこと

京都の中華を語る時、忘れてはならない人がいる。
広東地方出身の中国人、故・高華《こうか》吉《きち》さん。
大正時代の半ばに京都の地へやって来たその人は、
［飛雲《ひうん》］［第一樓《だいいちろう》］［鳳舞《ほうまい》］という名店を作り上げた。
今はなき店の味は数人のお弟子さんに受け継がれ、
この街の中華の大きな系譜のひとつとなっている。

若かりし頃の高さん（写真後方）。豪傑だったが、お酒は一滴も飲めなかった。ハマムラ株式会社の弓倉社長が持っておられた一枚。

「京都の中華いうたら、鳳舞《ほうまい》さんやねェ」

取材中、何度この言葉を聞いたことだろう。

『京都の中華』という本を書くんです、と告げると、必ずといっていいほど話題に出るのが、この［鳳舞］という店だった。

［鳳舞］は、かつて京都市北区の紫明通にあった広東料理店だ。門をくぐると日本庭園。高い天井にターコイズブルーの壁、花柄タイルの床に電車の座席のような直角の椅子とテーブルが並んだ、それは美しい店だった。その様子は、ロックバンド「くるり」の「三日月」という曲のPVや阪本順治監督の映画『新・仁義なき戦い。』で見ることができる。

店の雰囲気もさることながら、この店が愛された理由は、やはりその独特のメニューだろう。手焼きの卵皮の春巻、くわい入りの焼売《しゅうまい》、自家製の平細麺の汁そば、カラシそば……。広東料理ベースのその味は、［鳳舞］（または後述の［飛雲］［第一樓］）出身のお弟子さんの店に受け継がれ、「飛雲系」や「鳳舞系」などと呼ばれて「京都の中華」の二大系譜のひとつとなっている（これについても後述するが、本書では「鳳舞系」で通した。二大系譜のもう一方は北京料理ベースの「盛京亭系《せいきんていけい》」）。前述のメニューに似た料理があったり、店名に「鳳」「飛」「雲」の字が入っていれば、その店はおそらく鳳舞系。本書にも多く登場しているので探してみてほしい。

しかしこの［鳳舞］、平成21（2009）年の8月末に突然、その42年の歴史に幕をおろしてしまった。あの空気、あの味を惜しむ声は絶えず、今も京都の語り草となっている。

この店を作ったのは、高華吉さんという人である。故人ゆえ、直《じか》に記事にする許可を得ることができなかったが、京都にひとつの「味」を残した功績に敬意を表し、彼を直接知る人々から聞き書きすることで、その足跡を少しだけ辿ることをお許しいただきたい。

高さんは、広東地方出身の中国人。19歳で日本に渡り、長崎や神戸を経て、大正時代半ばの1920年代、京都へとやって来た。そして、大正13（1924）年、京都に初めてオープンした中華料理店［支那料理ハマムラ］（P179）でコックとして働き始める。

「高さんはハマムラが迎えた最初の本格的な中国人の料理長でした。当時は中華食材が十分になかった上、和食の街である祇園でやっていくのに京都風のアレンジが必要だった。相当苦労されたと祖父から聞いています」

［支那料理ハマムラ］の創業者の孫、ハマムラ株式会社の弓倉和夫《ゆみくらかずお》社長が教えてくれた。

鳳舞系の店は、「鶏がらと昆布でとったスープ」「薄味」「シンプルな盛り付け」「数を絞ったお品書き」などの共通点を持つ。これらもハマムラ時代の経験から高さんが編み出し

右／［鳳飛］の小杉さんの妻・弘子さんが、［鳳舞］の取り壊しの際に記念に持ち帰った深鉢。裏には「峯山作」の銘。有田焼だと思われる。左／［平安］の元木さんが大事に保管されていた［第一楼］の皿とマッチ。皿の上下部分、マッチの裏には印鑑のような店名ロゴがお揃いで入っている。

広東餐館
第一樓

た、一種の「型」だったのかもしれない。

戦後、高さんは独立。姉小路通河原町西入ルの［飛雲］、木屋町通三条上ルの川床付きの［飛雲］、錦小路通烏丸東入ルの［第一樓］など、次々に広東料理店を出していく。ちなみに、高さんが最初に開店したのが姉小路と木屋町の［飛雲］だったため、お弟子さんの間では自分たちを「飛雲系」と呼ぶ人の方が実は多い。確かに系譜の順序から言えば、そちらの方が適切だ。しかしながら、高さんにとって集大成的な店である［鳳舞］があまりに印象深い一軒だったせいか、一般的には「鳳舞系」と表現した方がピンとくる人が多かった。呼称の在り方については、今後あらためて検討すべき事項であることをここに記しておきたい。

ともあれ、そのうち、木屋町の［飛雲］［第一樓］［鳳舞］に勤めた後、昭和50（1975）年に独立した［龍鳳《りゅうほう》］の寺田《てらだ》育弘《やすひろ》さんは、最も長く勤めた［第一樓］での華やかな思い出をこんな風に語ってくれた。

「おやじ（高さん）は、高島屋の社長とか、カメラのムツミ堂の社長とか、いろんな人に目をかけられててね。木屋町の［飛雲］にも女優の山田《やまだ》五十鈴《いすず》さんが一人でコースを食べに来てはったし、谷崎潤一郎《たにざきじゅんいちろう》も姉小路の［飛雲］によう来てた。［第一樓］の看板も、当時、南座のまねき看板を書いてた竹田耕清さんが書いてはったからね。今は大丸の立体駐車場になってるけど、［第一樓］はとにかく室町（呉服問屋の意味。室町通が呉服問屋街であることから）のお客さんが多かった。あと、東映の人。片岡千恵蔵《かたおかちえぞう》、中村錦之助《なかむらきんのすけ》、大川橋蔵《おおかわはしぞう》、そのへんの一派がみな来てた。特に千恵蔵さんはほんまよう来てたわ」

寺田さんによれば、高さん自身も目の利く人で、ある日、［有次］で薄刃の中華包丁を買ってきて以来、その包丁に強いこだわりを持っていたという。

「［有次］にほんまの薄刃の中華包丁を作れる腕のいい職人さんがいはってね。包丁は鋼の表裏を地金で包んで、それを叩いて薄くしていくわけやけど、その人の作る中華包丁は日本刀みたいに極限まで薄かった。しなりがあって、押す、引く、叩くがほとんどそれ1本で出来るくらい。当時の中国の中華包丁は硬いし、そこまで薄くなかった」

その影響で、今も鳳舞系の店々では［有次］の中華包丁を使う店主が多い。その一人、［第一樓］出身の［平安］（P126）の元木登《もときのぼる》さんによれば、高さんは日本文化が大好きで、いつも着流し姿だった。が、こんな笑い話も。

「おやっさんは日本に来て長いのに日本語が下手で……。気に入ったら、人でもモノでも何でも『ハカセ（博士）！』。気に入らんかったら『フリョウ（不良）！』。この2単語でほ

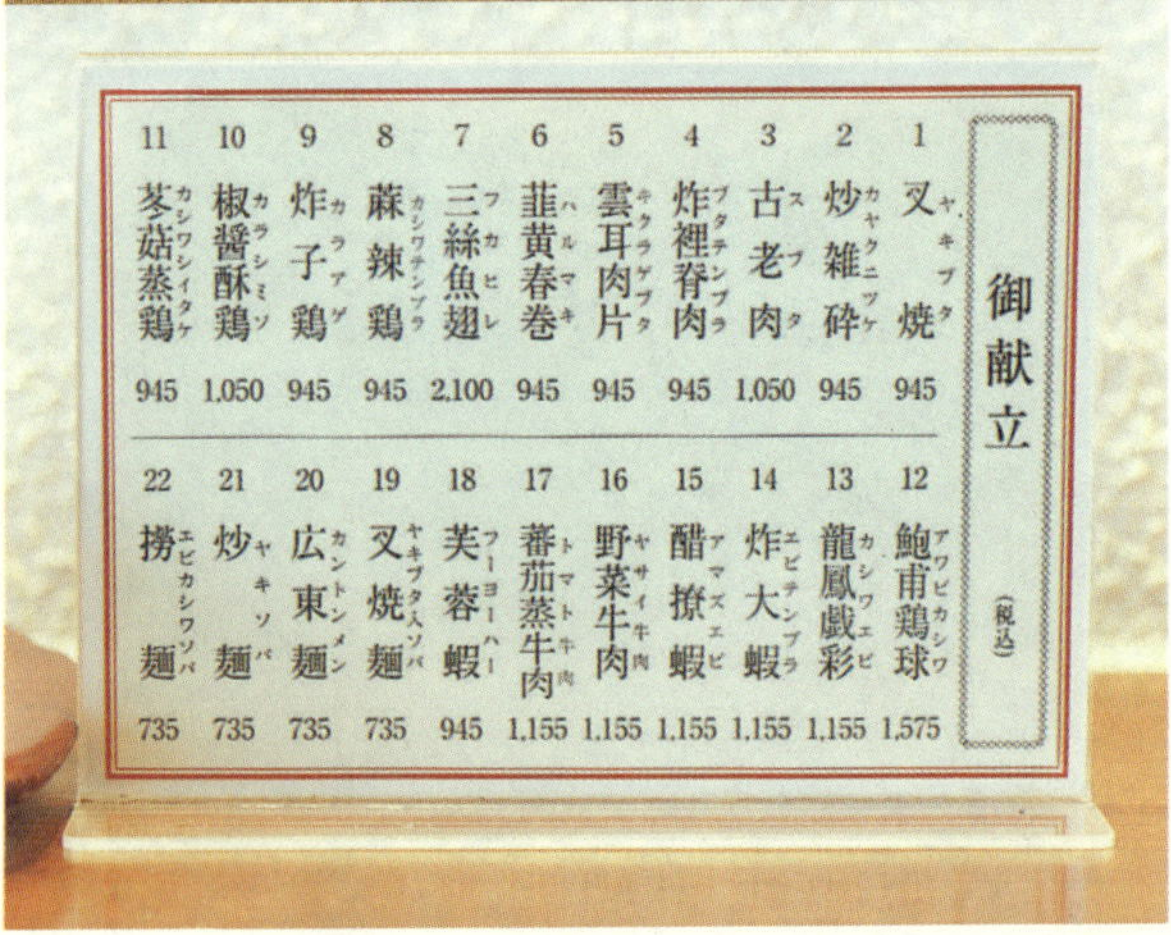

上／［鳳舞］の店内。木材はすべて檜だったという。左上に見える欄間は高さんのデザイン。（資料提供／（株）リーフ・パブリケーションズ、夏見タカ）下／［鳳舞］の面影をほんのり残す、［鳳泉］のメニュー表。たて書き、番号付き、「御献立」の言い回しまでもが［鳳舞］ファンにとっては懐かしい。

［鳳泉］の「ヤキソバ」。自家製の卵麺を蒸して揚げ、7種の具が入ったあんをたっぷりかける。麺に細もやしがからまり、美味。

とんど通すんですわ。ぼく、初日に皿割ってしもて、その日以来、『フリョウ！』ですよ」

かくいう高さんも根っからの料理人というよりは経営者タイプで、包丁さばきはお世辞にもうまいとは言えなかったそうだ。

「ところがね、おやっさんが作ると、最終的には料理がピンとたっとるんですわ。あれは毎回、不思議でした」

［第一樓］も軌道にのってきた頃、高さんはいよいよ［鳳舞］に着手する。外壁だけ業者にまかせ、内装は設計図なし。建築好きの高さんが口頭で指示しながら、左官屋さんと料理人総出で、あの店内を仕上げたというから驚く。［鳳舞］出身の［鳳飛《ほうひ》］（P52）の小杉《こすぎ》隆《たかし》さんも、苦笑しながら語ってくれた。

「穴も掘ったし、セメントも練った。床のタイルは既製の柄タイルをわざわざバラして大将（高さん）が組み直してね。椅子の土台も『研ぎ出し』といって、貝を混ぜたコンクリをつやが出るまで研がされたもんです」

昭和42（1967）年、開店に至った店は、行列ができる人気店に。そしてその約10年後、高さんはこの世を去る。2代目が引き継ぐもその方もご高齢となり、ついに閉店。建物は壊され、マンションになってしまった。

ところがその年の冬、鳳は舞い戻る。［鳳舞］の常連客だった能装束制作家の中島康雄《なかじまやすお》さんが、厨房のチーフだった福田功雄《ふくだいさお》さんに声をかけ、河原町二条に［鳳泉《ほうせん》］の名で店を復活させたのだ。

「ぼくは［鳳舞］のヤキソバで白ごはんを食べるのが何より好きでね。週に3回食べても飽きない、味噌汁とごはんのような中華。あの味が食べられなくなるのはもったいない」

ヤキソバ愛が高じて、［鳳泉］の自家製麺は、蕎麦職人でもある中島さんが店に通って作っている（追記／現在は［鳳泉］のスタッフが製麺）。その他の［鳳舞］メニューも福田さんの指揮のもと、ほぼ健在。「鳳」の字にピンときた［鳳舞］ファンも無事、この店に舞い戻っている。

中国からやって来て、京都の人々の舌にひとつの「味」を残し、この街で80年の人生を終えた高華吉さん。先日、京都の中華料理屋さんでごはんを食べていたら、隣で食事をされていたおばあさん二人組が「昔、第一樓ていう店、あったなあ」「あった。あそこの味、忘れられへん」と話されていた。もし高さんがこの会話を聞いていたら、誇らしげに自分を指さし、「ハカセ！」と叫んだことだろう。

京都と中華

精進チャイニーズに中華風うどん、
焼飯茶漬にしゃぶしゃぶまで。
異文化を自分たち流に食べこなすことにかけては、
この街は慣れっこのベテラン選手。
そもそも平安京だって、唐の都がモデルである。
京都と中華のなれそめは、意外に古くて、新しい。

隠元さんと普茶料理

「いんげん豆のごま和え」と聞いて、あなたは何を思い浮かべるだろう。ごはんと味噌汁？　ニッポンのおふくろの味？　もちろんそれも間違いではないが、実はこれ、もともとは中華料理。京都では「隠元《いんげん》さん」と呼ばれて親しまれる明《みん》の僧・隠元禅師《ぜんじ》が３５０年前に伝えた、「普茶料理《ふちゃりょうり》」という中国風精進料理のひとつである。

京都府宇治市のＪＲ黄檗《おうばく》駅から5分ほど歩いた場所に、「萬福寺《まんぷくじ》」という一風変わった寺がある。江戸時代初期の寛文元年（１６６１年）、徳川家綱に宇治の土地を与えられた隠元禅師が建立した、黄檗宗の大本山だ。その7年前、衰退をきわめる日本の禅宗を復興するため、齢63にして弟子と共に長崎の土を踏んだ隠元禅師。宇治の地で禅宗に興味を持ってもらおうと知恵を絞ったのだろう、寺の建造物のすべてを明朝様式で整え、修行の一切を明と同じように行った。その作法は今も雲水《うんすい》さん（修行僧）に受け継がれ、般若心経も「まかはんにゃはらみたしんぎょう……」ではなく「ポゼポロミトシンキン……」と唐音《とうおん》で唱えられる。

【江戸】

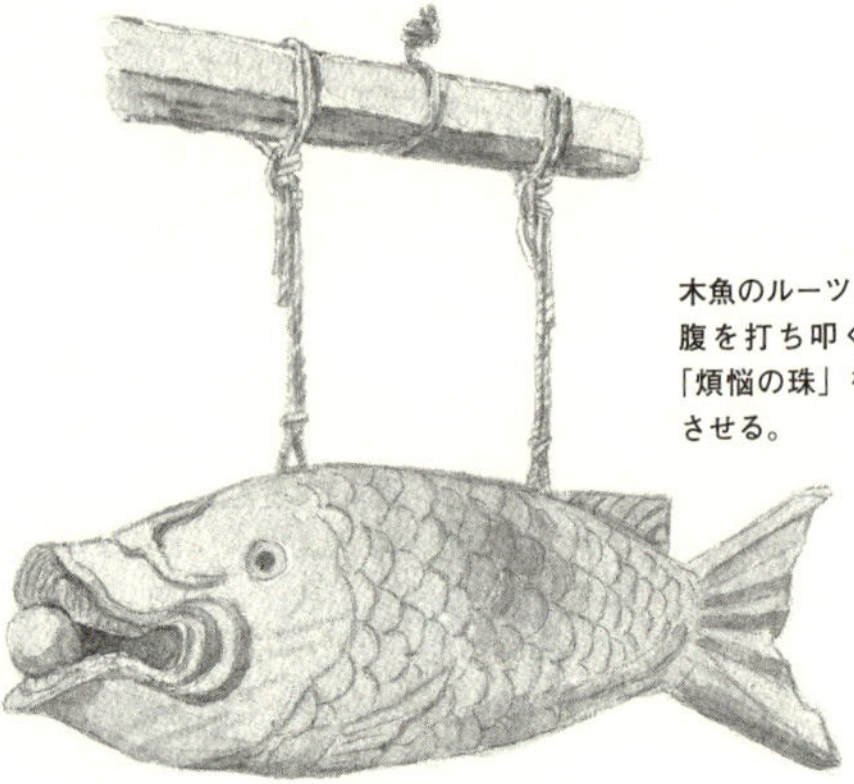

木魚のルーツ、「開梆《カイパン》」。腹を打ち叩くことで「煩悩の珠」を吐き出させる。

広大な境内は、創建当時のまま。天王殿《てんのうでん》に満面の笑みをたたえた布袋さんがおられたり(弥勒菩薩の化身らしい)、扉に魔除けの桃が彫ってあったり、回廊の手すりが卍《まんじ》文様だったり、叩いて時を知らせる巨大な木造の魚「開梆《カイパン》」がつり下げられていたり、真っ赤で長い線香が焚かれていたりと、かなりエキゾチックだ。

隠元禅師は、日本に多くの「初もの」をもたらした。今では新聞の書体としておなじみの明朝体、煎茶の文化、いんげん豆・すいか・れんこん・孟宗竹《もうそうちく》(たけのこ)などを食べる習慣、そして一説には、円卓も隠元禅師が伝えたとされる。

その伝来物の中で、ひときわ個性的なのが、前にも書いた「普茶料理」。揚げ物や蒸し物の葛あんかけ「巻繊《ケンチャン》」、黄檗豆腐や酢ばすなどの盛り合わせ「笋羹《シュンカン》」、下味をつけた野菜の天ぷら「油餈《ユジ》」、きざみ野菜の葛煮「雲片《ウンペン》」など、料理名も耳に楽しい普茶料理は、油と葛が多く使われるのが特徴だ。食事作法にも、日本の精進料理と異なる点が多くある。テーブルと椅子で食事すること。身分を問わずに一卓4人で座ること。大皿料理をわいわい話しながら直箸でつつくこと——。身分の違う者同士が同じテーブルについても話題がはずむよう、「うなぎの蒲焼きもどき」「かまぼこもどき」といった、手のこんだ「もどき料理」があるのも普茶料理ならではだ。

普茶料理の「普茶」とは「普《あまね》く大衆に茶を施す」の意味を持つ禅用語。本来は法要や行事に携わった人々にねぎらいとしてふるまわれるものだが、萬福寺では、2人以上の予約制で、その味をコース仕立てで知ることができる（3日前までに要予約）。料理は、修行僧の食事を司る「典座《てんぞ》和尚」が2日間かけて仕込む本格的なもの。青磁の大皿に盛り付けられ、ごはんや汁物は、「行堂《ヒンタン》」という独特のおひつで供される。

いんげん豆のごま和えなどの「浸菜《シンツアイ》」、ごま豆腐「麻腐《マフ》」、すり豆腐の揚げ物「唐揚《とうあ》げ」を浮かべたすまし汁「寿免《スメ》」は、萬福寺の普茶料理に欠かせないメニューだ。

【江戸】

「禅師が伝えた当時のいんげん豆は、今のいんげん豆とは少し異なるドクダミのようなにおいを持つ品種だったので、ごまの香りを加えてバランスをとったのかもしれません。ごま豆腐も普茶料理から日本に定着したものです。これは、ごまで作った豆腐のもどき料理とも考えられますね。寿免に浮かべた唐揚げも、一説にはから揚げのルーツだといわれています」

教学部長・荒木将旭《あらきしょうきょく》さんが教えてくれた。荒木さん曰く、隠元禅師は「隠元フィーバー」を巻き起こすほどの人気者だった。禅師が長崎にいた頃、ぜひ話を聞きたいと僧たちがこぞって長崎に出かけてしまい京都から僧がいなくなったとか、宿屋の主人が戸外に放置した残り物のところてんが干物状になったのを見て、「寒ざらしのところてんだから『寒天』だ」とネーミングして寺の食材に取り入れたなど、さまざまな逸話を残す。ちなみに好物は「お揚げ」。きっと魅力的な好々爺だったに違いない。

「いんげん豆のごま和えも、ごま豆腐も、から揚げも、今では和食として欠かせないものになっています。きっとここ京都の宇治の人々から『隠元さん、こんなものを食べてるらしいよ』と広まり、真似され、日本の食卓に浸透していったのではないでしょうか」

【江戸】

左より「麻腐《マフ》」、いんげん豆の「浸菜《シンツアイ》」、
「唐揚《とうあ》げ」を浮かべた「寿免《スメ》」。

卓袱料理としっぽくうどん

「しっぽくうどん」を愛してやまない。京都のうどん屋さんには大抵ある、具だくさんのうどんである。具は、しいたけ、薄焼き卵、かまぼこ、麩、三つ葉などの青もの、海苔などが定番。単に「しっぽく」とも呼ばれるこのうどん、ルーツは長崎の「卓袱《しっぽく》料理」にあるらしい。

卓袱料理は、元亀2（1571）年の開港以来、ポルトガルやオランダ、中国との貿易拠点だった長崎で生まれた和風中華料理。西欧料理（おもにオランダ）の要素も取り込まれていることから、「和華蘭《わからん》料理」の異名も持つ。とはいえ、料理名や大皿料理をつつき合うスタイルは中国風。「卓袱」の語源も、「卓」＝テーブル、「袱」＝テーブルクロスを意味する中国語という説があり、卓袱料理に欠かせない円卓の表面の朱塗りは、テーブルクロス代わりだといわれる。もしかしたら、中華料理のトレードマークの赤い円卓も、卓袱料理から来ているのかもしれない。

この卓袱料理、江戸時代中期には上方に伝わり、大流行りしていると『西遊記《さいゆうき》』で橘《たちばな》

［ふた葉］の「しっぽく」。春には香りづけのゆず皮が木の芽に変わる。

南谿《なんけい》が書いている。文化3（1806）年刊行の『嗚呼矣草《おこたりぐさ》』にも、京都・祇園の下河原に佐野屋嘉兵衛という人物が長崎より上京し、大皿が12も並ぶ卓袱料理を広めたとある。

　その卓袱料理の豪華なさまを模して、京都にいよいよしっぽくうどんが登場……と書きたいところだが、実はそれを示す文献は見つかっていない。寛延4（1751）年脱稿の『蕎麦全書』に、江戸のそば屋がしっぽくそばを売り出したとの記述があり、卓袱料理が上方を経て江戸に伝播していることから、まず京都か大坂でしっぽくうどんが登場し、江戸でそばに替わったのでは、と推測されている。

　さて、これぞ典型的な、と思うしっぽくうどんがある。上七軒の［ふた葉］の「しっぽく」。真ん中に甘辛く煮たしいたけ、ぐるりに三角形の薄焼き卵、ほうれん草、海苔、板麩、かまぼこ、ゆず皮をのせた、花街らしい華やぎのある一杯だ。京都特有のやわやわうどんに、雑味のないかつおと昆布のだしがたまらない。

「しっぽくうどんの由来、ぼくもいろいろ聞きますよ。卓袱料理で大皿におかずを平たく盛るところからきてるとか、卓袱料理にある具だくさんの麺料理からきてるとか。あと、どんこしいたけと一番小さいしいたけの間のサイズをしっぽくと呼ぶことからきてる、なんていう話も聞きます」

さらなる新説まで教えてくれたのは3代目の中島秀行《なかじまひでゆき》さん。京都には「のっぺい」というしっぽくうどんのあんかけも存在するが、しっぽくが関東では「おかめ」と名前が変わり、具をおかめさんの顔のように盛ることから、あんをかける＝のっぺらぼうになるのでのっぺいと呼ぶらしい、といった可愛らしい話も飛び出した。

この店は、しっぽくにレンゲが付いてくるのが面白い。舞妓さんが、丼から直接だしを飲むのがはしたないからといやがるので、一緒に出しているそうだ。具を箸でつまみ、レンゲでだしをすすっていると、しっぽくうどんがだんだん「ミニ卓袱料理」に見えてきて、ちょっとした宴会気分だった。

雑居令と京都

京都に百年クラスの老舗は数あれど、こと中華となると、かなり後発組。例えば、東京初の中華料理店［永和斎《えいわさい》］の創業は明治12（1879）年。横浜初の［聘珍樓《へいちんろう》］は明治17（1884）年。対して、京都初の［支那料理ハマムラ］は大正13（1924）年。ほぼ半世紀遅れてのスタートである。

昭和に入ってもまだ盛況とはいかなかったようで、中国通の言語学者・後藤朝太郎《ごとうあさたろう》は昭和5（1930）年発行の『支那料理通』で「京都方面は如何《いか》なる譯《わけ》か支那料理の十分な発達を見せて居《お》らぬ」と記している。京都出身の探検家で西本願寺門主も務めた大谷光瑞《おおたにこうずい》は、自身が口にした世界の食を記した昭和6（1931）年発行の『食』で、中華食材のもやしについて「不肖是《ふしょうこれ》を好むも、本邦に於《おい》て得べからず。神戸、大阪の支那人間に是を作るも、京都になし」と書く。昭和初期の京都では、もやしすら入手しにくかったのだろう。

なぜほかの街に比べて遅れたのか。その背景として、京都に御所（天皇の住居）があっ

京都御苑《ぎょえん》は今や憩いの場。東京遷都がなければ、お昼寝も無理だった？

たことが考えられる。［蕪庵］（Ｐ34）の武田淳一さんも、「京都料理飲食新聞」第１６９号で「京都に御所があり、明治43年までは、外国人はパスポートだけで京都に入ることは出来なかった。京都府知事の入京免状が必要だった。（外国人が）日本のどこに行っても良い、どこに住んでも良いという法律、雑居令が出来て、やっと京都に中華料理が生まれる」と書いている。文中の「雑居令」とは明治32（１８９９）年公布の「内地雑居令」のことだろう。明治43（１９１０）年まで入京免状が必要だった背景を調べきることはできなかったが、港町のように外国人居留地を持たない京都では、少なくとも明治32年に内地雑居令が出るまで、中華料理を作る人も食べる人もほぼなかったと想像できる。

明治時代は「京都があせった時代」だ。平安京の頃から約1000年もの間、都として栄えてきたのに、明治2（1869）年の「事実上の東京遷都」（当初は東西両都制とされていた）により産業は衰退、人口も激減。このまま沈んでなるものか、と街じゅうがしゃかりきになった。明治2年、日本初の学区制小学校64校を立ち上げ、明治4（1871）年には日本初の博覧会を開催、明治18（1885）年に琵琶湖疏水着工、明治28（1895）年には日本初の路面電車が開通。同志社大学・京都国立博物館・聖アグネス教会など、後に名建築とされる西洋建築も次々に建てられた。そうしながらも「天皇さんはちょっとあっちへ行ったはるだけ。また戻ってきはる」と信じ、明治後期まで御所を守ったのである。

中華料理店は世界中にあるが、中国人ではなくその国の人がコックを務めるのは日本特有の傾向と聞く。昭和6年、東京「目黒雅叙園《めぐろがじょえん》」に「回る円卓」が登場した（中国の箸に比べて日本の箸が短いため、座ったまま食べられる円卓を大工に作らせた）ことが物語るように、中華料理は東京や横浜などでいったん「日本化」された。遅咲きの「京都の中華」は、その「日本化された中華」の波を浴びつつ、今度は、独自に「京都化」していくのである。


【明治】

【明治】

京都の茶筒と餃子の皮

「餃子の皮って、昔は茶筒で抜いてたらしいですよ。そういえば、スーパーで売ってる餃子の皮って茶筒くらいの大きさですよね」

京都・河原町六条にある茶筒専門店［開化堂《かいかどう》］の6代目・八木隆裕《やぎたかひろ》さんと話していたら、こんな話が飛び出した。［開化堂］は明治8（1875）年、イギリスから輸入したブリキを使い、日本で初めて茶筒を作った店。ここの茶筒が日本の茶筒の基本となったのはまず間違いないだろうから、もし本当に茶筒で餃子の皮を抜いていたなら、京都発祥の茶筒が今の餃子の皮の規格を決めたことになる。

「確かに、うちの初代は茶筒で餃子の皮を抜いていましたね」

突然の調査に快く応じてくれたのは、愛知県名古屋市熱田区の餃子皮メーカー「隆祥房《りゆうしようぼう》」の常務取締役・久松昇一《ひさまつしよういち》さん。創業は、昭和33（1958）年。餃子の皮を売りに歩くと「さめこ」と読む人がいたほど餃子が知られていない時代から、餃子の皮を作ってきた老舗である。

「最初は本物の茶筒を使っていたらしいのですが、抜きづらいので、茶筒を模して、空気穴を開けて作った型が残っています」

50年ほど前まで使っていたというその型は茶筒そのもの。直径はジャスト90ミリ。今は専用の機械で抜いているが、この型の名残で、今も「隆祥房」の一般向けの餃子の皮は、直径が90ミリ前後だそうだ。

「初代は、生地を数十枚重ねて茶筒で抜いていたそうです。本来、餃子の皮は一枚一枚めん棒でのばしますが、それを一気にたくさん作るにはどうすればいいかと考えての工夫だったのだと思います」

生地を重ねて型で抜く方法を、今もとっている中華食品の工場がある。神奈川県横浜市南区の「正華《せいか》工場」だ。いちから手作りのジューシーな餃子や大きな肉まんが絶品である（餃子の皮以外の商品はHPから取り寄せ可）。店長の渡辺大助《わたなべだいすけ》さんが、餃子担当のベテラン社員さんから聞いたという話を教えてく

「正華工場」での餃子の皮の製造風景。多い日だと7,000枚くらい抜くそうだ。

れた。

「餃子の皮を量産する方法を考えていた人が、ある日、お茶でも飲もうと茶筒を開けたら、勢い余って落としてしまったらしいんです。それがテーブルにあった豆腐に命中して、見事に丸くくり抜かれていたことから、ひらめいたと……。本当かわかりませんけど、確かにうちの型は茶筒に似ています」

餃子の皮を今も職人さんの手で抜くのは、得意先のこだわりの大きさに細やかに対応できるからだそうだ。そして、気になる型の直径は。

「大中小の型のうち、創業時からある大は90ミリです」

［開化堂］の八木さんにこの結果を報告すると、１００年前のうちの茶筒が残っているので直径を測ってみますね、と言ってくれた。

「……90ミリですね。内寸90ミリ」

おお！ ビンゴ！ １００年前の茶筒は、なぜこの直径に？

「当時のブリキ板の大きさからじゃないでしょうか。貴重なブリキを無駄にせず、かつ手になじむ大きさとして、このサイズになったのではないかと思います」

京都人の倹約精神、ここに（も）あり。今夜スーパーで手にとる餃子の皮のサイズは、

「京都の茶筒」もとい「京都人のしぶちん」が決めたのかもしれません。

濱村保三と支那料理ハマムラ

大正時代の京都はモダンだ。

特にモボ・モガが闊歩し始める大正後期において、この小さな街にもモダンの華が咲き誇る。

大正9（1920）年、女学校「平安女学院」の制服に日本で初めてセーラー服が導入され、大正10（1921）年には日本映画の父・牧野《まきの》省三《しょうぞう》が独立プロダクション「牧野教育映画製作所」を等持院に設立。大正12（1923）年にサントリーが山崎でモルトウイスキー蒸溜所建設に着工、国産ウイスキー製造に向けて歩み始める。

特に大正13（1924）年は、「京都の中華」にとってエポック・メーキングな年だ。まずこの年、四条大橋たもとにあった西洋料理店「矢尾政」の浅井安次郎が、アメリカ人の建築家、ウィリアム・メレル・ヴォーリズにビアレストランの設計を依頼する。のちにヴォーリズ唯一のレストラン建築となるスペイン・バロック様式のこの洋館は、西洋レストランの存続が許されない第二次世界大戦中をなんとか乗り越え、終戦後、北京料理店「東《とう》華《か》菜館《さいかん》」として再スタート。今も京都を代表する中華料理店として存在感を放っている。

そして京都で最初の中華料理店である「支那料理ハマムラ」も、この大正13年に誕生するのである。

サーカス団長、中華の道へ

「支那料理ハマムラ」は、故・濱村保三《はまむらやすぞう》氏が創業した中華料理店。中国人風の横顔のロゴマークとともに、京都の人々に広く知られるこの店のおこりをひもとくと、実はかなり異色だった。以下は、保三氏と30年間ともに暮らしていた孫、ハマムラ株式会社の弓倉和夫《ゆみくらかずお》社長からお聞きした話をまとめたものである。

保三氏の父・保門《やすかど》氏は京都府和束町《わつかちょう》生まれで、「両国一座《りょうごくいちざ》」というサーカス団を率いて

大正13年頃の［支那料理ハマムラ］。ミルクホールを兼ねていた時期も。

いた。明治30（1897）年頃からアメリカやヨーロッパなど海外を巡業しており、「サーカスポスターの父」と呼ばれるドイツのアドルフ・フリードレンダー製作の美しい石版多色刷りポスターも残されている（『ニッポン・サーカス物語』に掲載）。その中に、かみしも姿の芸人たちに混じってカイゼルひげをたくわえた紳士が刷られており、これが保門氏だとされる。

その長男だった保三氏は、父の興行を手伝うため18歳で渡欧。ドイツを拠点にヨーロッパ諸国で巡業を始める。しかし第一次世界大戦で日本とドイツが敵対国となって帰国を余儀なくされ、大正7（1918）年、京都へ帰る。

その頃、日本は明治以降の文明開化ですっかり西洋文化奨励ムード。サーカス芸人や軽業師などの大道芸は、時代遅れ扱いを受けていた。食うに食えなくなっ

濱村保三氏。経済界の重鎮とも懇意で証券会社も運営した。実は洋食派。

た保三氏は、サーカスで各国を回っていた頃に見た光景を思い出す。「そういえば世界のどの国にもチャイナタウンがあった。そしてどこで食べても中華は旨かった。きっと京都でも中華は流行る」

そう思い立ち、保三氏は、大正13年、縄手通四条上ル東側に「支那料理ハマムラ」を開店する。

しかしここは祇園。京都の中でもとりわけ慣習を重んじる閉鎖的な街。そして根っからの和食文化の街でもある。鶏や豚などの動物性の食材のにおいを放つこの店は、見知らぬ東洋料理の店という意味でも、鼻つまみものだった。

京都一有名な「横顔」誕生

ここから保三氏がとった策がすごい。まずは店のロゴマークを公募した。当時ロゴマークといえば、呉服商が家紋を使うくらい。ロゴマークという概念が知られていたかも疑問であるし、いちレストランが公募するというのも珍しかっただろう。結果、立命館の大学生が考えた、「ハマムラ」の4文字で中国人風の横顔を描く案が採用された。一度見たら忘れないこのロゴマークにより全国チェーン店だと思い込んでいる京都人も少なくない、京都で一番有名な「横顔」である。

その後、保三氏は、祇園でやっていくにはクチコミも必要と考え、店に祇園中の舞妓・芸妓を呼ぶ、いわゆる「総揚げ」をして話題を呼んだ。飛行機を飛ばし、空からビラをまいたこともあるという。

そうして策を打つうち、保三氏はある中国人コックとの出会いを果たす。本書でも触れている高華吉《こうかきち》さん（P152）である。高さんが店へ食事に来たのを機に、その後、初の本格的な中国人料理長として迎え入れることになる。

高さんは祇園の風土に合わせて、ラードとにんにくを控えた京都風の広東料理を作り上げた。当時の代表メニューには、「鶏とグリンピースと筍の煮付け」「チャプスイ（八宝菜）」「酢豚」「広東焼きそば」などがあったという。

ところでこの保三氏、その後の人生も波瀾万丈。［支那料理ハマムラ」に加え、料理旅館、ダンスホール、上賀茂の京都ゴルフ場まで手がけているのだが、これは戦後、京都に駐屯したアメリカ進駐軍の遊び場をつくれと、日本政府関係者に言われてのことらしい。

なぜレストランの経営主に日本政府からのお達しがあったのか。実は当時、京都の和洋

【大正】

中の飲食店が、戦後の食糧難を乗り越えるため、組合をつくって食材を共同仕入れしていたのだが、時の会長が食材の管理にまつわる経済犯として捕まってしまう。そして副会長だった保三氏も、これを黙認したとして連行。ところが保三氏は英・仏・独語ができた。しかも商売人なので、交渉にも秀でている。そこに目をつけた警察署長の進言で、日本政府と外国人との折衝ごとに重宝され、前述のようなお達しを受けることになったのである。

その後、「支那料理ハマムラ」は昭和22（1947）年に閉店。現在は、後継のハマムラ株式会社が、昭和30年代に京都駅で人気を博した鶏がらスープ醤油味のラーメンを引き継ぐ「らーめんハマムラ近鉄名店街みやこみち店」を含む、3店舗を展開。系列の「ハマムラ河原町店」（P72、現「京都中華ハマムラ」）もロゴマークを掲げて営業している。

京都に広東料理の店が多いのは、「支那料理ハマムラ」の影響も多分にあるだろう。弓倉社長が「京都で接待といえば料亭。つまり京都では宴会料理としての中華は育たなかった。客は家族連れ中心だったので、京都には小ぢんまりした中華料理店が多いのだと思います」と話していたことも興味深い。

民藝運動家たちとしゃぶしゃぶ

西垣光温氏に「涮羊肉」を教えた吉田璋也。
妻も中国料理が得意だった。

やわらかい薄切り牛肉を、たぎった湯の中でさっとすすぎ、ごまだれにつけていただく――。この「しゃぶしゃぶ」が、中国・北京の名物料理「涮羊肉《シュワヤンロウ》」を日本風にアレンジしたものであることをご存じだろうか。そしてそのアレンジを生み出したのは、京都にいた民藝運動家たちだということも。

時は昭和20年代、舞台は京都・祇園の料理屋「十二段家《じゅうにだんや》」。しゃぶしゃぶ誕生の物語は、2代目店主の西垣光温《にしがきみつはる》氏が、京都の骨董街で、風変わりな中国の銅鍋を見つけたことから始まる。

光温氏の息子で、現在、3代目として本店を受け継ぐ隆光《たかみつ》さんが、その頃の様子を昨日のことのように語ってくれた。

吉田璋也と「涮羊肉」

私の親父の西垣光温は、戦前から版画家の棟方志功《むなかたしこう》さんと親しくしてましてね。ある日彼に、民藝の大家で陶芸家の河井寛次郎《かわいかんじろう》先生を紹介されて、その生き方に共感し、自分も先生のようにありたいと民藝運動に傾倒していくんです。

棟方さんや河井先生は、当時、民藝運動のグループのリーダー格でした。そのグループに鳥取県の耳鼻咽喉科医である吉田璋也《よしだしょうや》先生もおられました。先生は第二次世界大戦中、軍医として中国の満州に行っておられて、そこで「涮羊肉」を召し上がられたようです。

この「十二段家」は親父の実家で、大正初期から料理屋をやってました。戦後は、食糧難の中、身近にあるもんでなんとか人のお役に立てないかと、お茶漬を商品にして出してました。そんなある日、親父が骨董街の新門前か古門前で、面白い形の中国の銅鍋を見つけるんです。民藝に興味を持ってましたので、生活工芸品に惹かれたんでしょうね。すぐ買い求めまして、店の玄関に飾ってたんです。

そのうち、吉田璋也先生も無事、中国から帰ってこられました。帰郷前にいったん京都へ来られまして、2、3年、四条堺町辺りで耳鼻咽喉科の医院をされてたんです。

その間、民藝仲間である親父の店へもよくお見えになってました。そうしてある日、玄関に飾ってあった銅鍋を見て「西垣、これはどういう風に使うか知ってるか」とおっしゃった。もちろん親父は知りません。「これは中国北方の『涮羊肉』という料理に使う『火《ホウ》焙子《コウズ》』という鍋だ。薄切り肉を湯ですすいでボイルして、ごまの味のたれをつけて食べるんだよ。ひとつこの料理を日本風にアレンジしてお客さんに出してはどうだろう」とアドバイスをいただくんです。

吉田先生曰く、現地で食べた「涮羊肉」は羊の肉で、たれはごまとお醤油と何かのスープの味に、お酢のような酸味もあったとおっしゃる。親父、なんとか考えましてね。羊肉は手に入りにくいけど、牛肉なら神戸牛とか近江牛が近郊で手に入る。そしてたれは、ごまをすって、お醤油とかお酢、かつおと昆布のおだしなんかを混ぜながら、自分で味を見つけていきました。そうしてある程度、味ができたら吉田先生をお呼びして試食していただいて、ということを50回も100回もやりました。

親父が繰り返し言うてたことがありましてね。あまりいいお話やないんですが、梅毒のおくすりに百三十何番という名前がついてるらしいんですね。その番号は何回も何回も試験して、百三十何回目に完成したという意味でその番号が名前になってると。だから自分も完成するまで何べんでもやると言うてました。それで何回目かにようやく、「うん、まあいいだろう」とお墨付きをいただきました。

西垣光温と「牛肉の水炊き」

さて、今度はお鍋です。親父は店に飾ってた銅鍋の構造を見ながら、より自分の気に入るように絵を描きましてね。火消しのふたの擬宝珠《ぎぼし》みたいな装飾も、河井先生の作品なんかを勉強して考えて。実利とデザインを兼ねた「用の美」を追求したんでしょうね。その絵をもとに、当時、京都にたくさんおられた銅職人さんに分厚い銅をこつこつ叩きながら鍋を作ってもらいました。今も店で使ってますが、この鍋やと湯が煮えたぎらず、でも火のもちはよく、肉がおいしいんです。うちのしゃぶしゃぶは、まったくアクが出ないんですよ。

そうして、さあお出しできるぞとなったのが昭和22（1947）年の秋ぐらい。「涮羊肉」では伝わらないので、名前は親父が考えて「牛肉の水炊き」としました。これが意外とウケましてね。当時の京都市長だった高山義三《たかやまぎぞう》さんに進駐軍の方への接待としてよく使っていただいて、まず外国の方にクチコミで広がるんです。あとは日本の財界の方。吉田《よしだ》茂《しげる》さんもお好きでしたね。それでじわーっと、「牛肉の水炊き」が広がっていきました。

その後、昭和39（1964）年の東京オリンピックの時に各都道府県を代表する料理屋が集まって、記者団の食堂を担当することになりました。うちの親父は英語を話しましたので、そこの支配人をおおせつかりましてね。そこで「牛肉の水炊き」を出すと、これ、ちょっと教えてくれへんか、というお店が何軒か出て

【昭和】

光温氏がデザインした
銅鍋。火消しのふたに、
独特の意匠が見られる。

くるわけです。親父はこの新しい料理がどんどん広がってほしいので、たれの作り方なんかもどんどんお教えしましてね。それで東京の「ざくろ」や「瀬里奈《せりな》」、大阪の「スエヒロ」なんかに広がっていきました。その後、「スエヒロ」の社長が「洗濯するみたいに肉をじゃぶじゃぶする」ことから「肉のしゃぶしゃぶ」などと商標登録されて、これがかなりヒットした。そこからこの料理が「しゃぶしゃぶ」と呼ばれて全国的に知られるようになっていったんです。

＊

光温氏は、ものを見る眼を持ち、素朴なものを愛した。着物は絣《かすり》か無地。女性のパーマ姿を見ると「あんなチリチリの毛あかん」と苦虫をかんだような顔をした。「十二段家」には、売れない時代に店に住まわせていたという棟方志功が描いたふすま絵がずらりと並び、その絵は隆光さんら子供の部屋にまで描かれていたそうだ。家の食器も、茶碗に至るまですべて河井寛次郎の作品だったという。

自分に作品は作れないが、生き方だけでも民藝的でありたいと言っていたという光温氏。古ぼけた銅鍋に用の美を見出し、師の助言を素朴に実践し、土を手びねりするように試作を繰り返して味を見つけ、それを名もなき料理であるかのように誰にでも教えた。北京料理を和食に昇華させた「牛肉の水炊き」は、光温氏のひとつの民藝的作品だったのかもしれない。

映画人と中華

京都の中華料理屋さんを取材していると頻繁に出るのが、店の常連あるいは常連だった映画人たちの話。なぜなら京都は、日本映画発祥の地。時代劇映画の一大産地として全盛期を迎えた昭和30年代には、多くの撮影所と製作プロダクションが集中する太秦《うずまさ》が「日本のハリウッド」と呼ばれた。

差し入れは「焼飯《やきめし》茶漬」

「映画のお仕事もけっこうな肉体労働ですから、きっと中華が食べたくなるんでしょうね」

映画人はなぜ中華を好むのでしょう、と訊くと、「盛京亭《せいきんてい》」（P106）のご主人・上田《うえだ》隆雄《たかお》さんがそう返してくれた。太秦全盛期の昭和26（1951）年の創業で、店には市川《いちかわ》

【昭和】

「焼飯茶漬」。［盛華亭］
では所望されれば焼飯
にお茶と漬物を添える。

雷蔵《らいぞう》が鳴滝《なるたき》の自宅で妻の誕生日パーティーに「盛京亭」の出張料理を楽しむ写真記事も残る。日本の名だたる名優はもちろん、ジョン・ウェイン、チャールズ・チャップリン、スティーブ・マックイーンも食事に来たそうだ。

　この店で生まれ、映画人にも好まれたのが「焼飯《やきめし》茶漬」である。

「もともとは歌舞伎役者さんがやり出さはったものなんです。南座で歌舞伎がかかると、幕間《まくあい》に抜け出してごはんを食べにきはるんですよ。化粧のままで、大慌てでね。それである役者さんが、焼飯にお茶をさーっとかけて、かき込まはった。そしたらこっちも反射的にぬか漬け出した（笑）。それが評判になっていったんです」

若い頃に「盛京亭」で修業した、「盛華亭《せいかてい》」（P24）初代の佐々木三義《ささきみつよし》さんが教えてくれた。

焼飯茶漬が重宝されたのには、もうひとつ理由がある。「盛京亭」の修業初日に、銭形平次（大川橋蔵《おおかわはしぞう》）、水戸黄門（東野英治郎《とうのえいじろう》）、うっかり八兵衛（高橋元太郎《たかはしげんたろう》）が目の前に座った経験を持つ「八楽《はちらく》」（P62）の高居照男《たかいてるお》さんが話す。

「焼飯をお持ち帰りしはると、どうしても冷めますよね。でも当時は電子レンジもないし、炒めると油っぽくなるし。で、熱いお茶をかければ温かく食べられる。「盛京亭」の焼飯はお茶をかけても油が全然浮きませんし、具に味がついてるからおいしいんです」

「盛京亭」の初代は、そんな「温め方」も指南しながら、太秦の撮影所へよく焼飯を差し入れに行っていたそうだ。

捜査中にワンタンメン？

太秦といえば、東映京都撮影所。その正門そばにある「開花《かいほう》」は、昭和46（1971）

【昭和】

年創業の中華料理店。撮影所の食堂的存在だ。自家製麺＋自家製皮のワンタン＋自家製焼豚が入った絶品の「ワンタンメン」をはじめ、全品500円前後なのが泣ける。

「うちは照明部とか撮影部とかの若い子らがお腹すかして来るんでね。できるだけ値段おさえてやらんと。全部自分とこで作ったら、一番安く、おいしくできるしね」

　2代目主人・内海《うつみ》真也《しんや》さんの父は、実は「芙蓉園《ふようえん》」（P44）の出身。本書でも紹介している「鳳凰蛋《ホウオンタン》」が、ここでは「かしわ玉子丼」として丼になっているのが面白い。

「映画の人らはさっさと食べ終わらんとあかんからね。丼は圧倒的に注文が多いです」

　もちろん、撮影途中の俳優さんたちも食べにやって来る。

「羽二重《はぶたえ》（かつらを着ける前の下地）とか衣装のままで、たまに来られますよ。今は『科捜《かそう》研《けん》の女』とか刑事ドラマが多いので、スーツ姿の役者さんが多いですけど」

　もし刑事風の人がワンタンメンを食べていても捜査をサボっているわけではないので、あしからず。

名優はしゅうまいがお好き

常連だった俳優・月形《つきがた》龍之介《りゅうのすけ》の一字を店名にもらったという「月《つき》村《むら》」は、釜めしと季節の一品がおいしい小料理屋さん。包丁で叩いたえび、みじんぎりのたまねぎ、豚ミンチを包んで蒸し上げる名物「昔ながらのしゅうまい」は、3代目のおかみさん・佐《さ》藤《とう》亜《あ》樹《き》子《こ》さんの祖母の味。

「大川橋蔵さんがこのしゅうまいをお好きで、新築祝いの時にご自宅へお持ちしたと聞いてます」

当時は撮影所周りに一杯飲める店がなく、「活動屋さんが店まで飲みによう来られてた」そうだ。

【昭和】

名優が愛した［月村］の名物「昔ながらのしゅうまい」。甘くて、やわやわ。

「東映城（東映京都撮影所にあった城のオープンセット）でたまに映画館の館主さんを招く催し物があったんですが、その屋台に呼んでいただいて、しゅうまいを２０００人分作ったこともあります。たまねぎ刻んで涙だらけでした」

その屋台は撮影所の大道具さんが手がけたもので、映画のセットのように立派だったそうだ。

ラーメン映画、夜明け前

太秦にほど近い、鳴滝生まれの伊丹十三《いたみじゅうぞう》が撮ったラーメン・ウェスタン映画『タンポポ』。その構想段階で、伊丹十三・宮本信子《みやもとのぶこ》夫妻が見学に訪れた店が京都にある。昭和56（１９８１）年創業の「珍元《ちんげん》」。「チャーシューメン」が看板の中華そば専門店だ。応対したのは「四条大宮のタンポポ」こと堀啓子《ほりけいこ》さん。

「ラーメン映画を作るので見学させてください、言うて、伊丹さんと奥さんと息子さんの３人で来はったえ。半日ほどいはった」

伊丹監督の第一印象は？

「ものすごオーラあった。神秘的やと思たわ、私。外からも店見たはったんやけど、私、2階でふとん干しっぱなしやって、ちょっと恥ずかしかった。奥さんはカウンターで私が麺あげるの、ただただ見たはった。練習してみますか、言うたら、いや私はまだ全然……言うたはったえ」

実際の映画のロケで使われた店やエピソードのモデルとなったラーメン店は別にあるようですけど、映画はいかがでしたか？　何か思い当たるふし、ありましたか？

「……せまさと汚さ？（笑）それより2階の家の部分の間取りがそっくりで私、びっくりしたわ。かなんわあ、と思たわ」

仲介したのは、麺の仕入れ先である製麺所の［福建《ふっけん》］。劇中、麺についても様々なうんちくがちりばめられていたが、［福建］の大将にも手ほどきを受けたのだろうか。

店の壁には「どの花も　それぞれの　ねがいが　あって　さく」と書かれた伊丹十三の直筆色紙。映画人と中華もいろいろな花を咲かせていました、というお話でした。ビスケンのねぎそば食べたい。

【昭和】

【昭和】

王将と珉珉

毎年、総務省の家計調査が発表されると「ぎょうざ購入金額日本一」の座をめぐって宇都宮市と浜松市の様子がニュースになったりするが、その陰で地味に3位前後をキープしているのが京都市である。家計調査の購入金額には餃子専門店などでの外食費は含まないので、餃子を最も購入している＝餃子を最も食べているとは即言いがたいのがこの統計の複雑なところなのだが、少なくとも京都市民が「餃子気分に火がつきやすい人たち」であることには間違いない。

そんな市民に誰がした。それは疑いようもなくこのご両人。そう、［餃子の王将《おうしょう》］と［珉珉《みんみん》］である。

京都には、餃子に話が及ぶと「王将派、珉珉派」と詰め寄ってくる人がいるが、「派」で分けてくる人は大抵「どっちも大好き派」だ。

ある善良な京都市民（父）を例にとってみよう。彼は毎月1日と16日

［珉珉］の王偏に民の字は「王様の味を庶民にも」との思いを込めたもの。

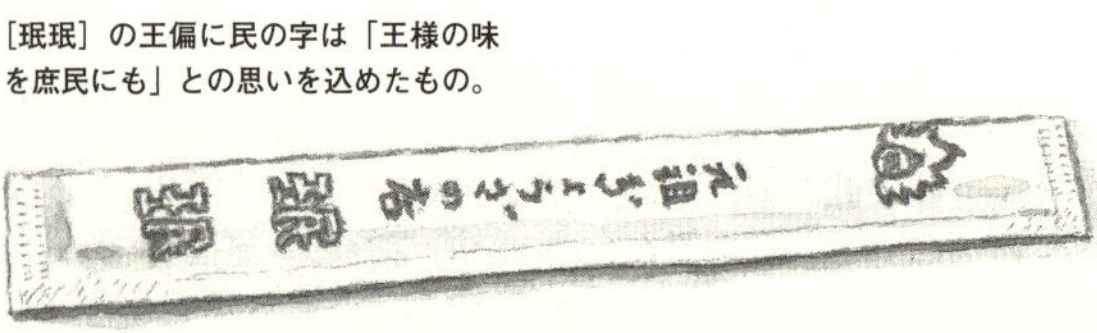

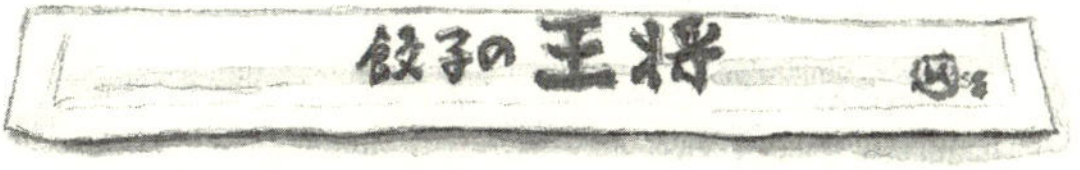

京都では［餃子の王将］1号店の食事券付きホテル宿泊プランまで登場。

に京都新聞に掲載される［餃子の王将］の餃子無料券を朝6時の起床とともに丁寧に切り取り、スラックスのポケットにしのばせる。王将ファンが「聖地」と呼んで巡礼する1号店が近所にあるにもかかわらず、「食べたい時が王将日和」と行きつけの支店はあえて持たない。毎月3、13、23日は「そわそわする」日。［珉珉］の餃子が100円引きになるからだ。ここの餃子の醍醐味は「トゥルッとしてるとこ」。春には桜並木を望む高瀬川沿いの四条店を好む。

別の模範的京都市民（老舗中華料理店のご主人）は、［珉珉］の祇園店、四条店、三条店で料理人の異動があった時に即座に見抜いた心眼の持ち主。やはり同時に［餃子の王将］ユーザーであり、行きつけの支店の「餃子を焼くのがうまい子」「回鍋肉《ホイコーロウ》を作るのがうまい子」の勤務シフトをそれとなく把握。店の外から軽く確認して入店を決めるというからすごい。曰く「王将は餃子と回鍋肉で良し悪しがわかる」。けだし名言である。

京都人もやはり人間。ふだんは薄味の料理でパワーが不足しがちであるがゆえに、この2店の餃子でにんにくを補給するのである。

ここで店の経歴にも触れておこう。［珉珉］の創業は昭和28（1953）年。画家の古《ふる》田《た》安《やす》夫《お》さんが大阪・千日前で開店した。昭和32（1957）年には京都に3号店の四条店をオープン。京都の人には革命的なにんにくたっぷりの餃子、ベニヤ板の壁にマジックで落書きができる店の造りで人気を呼んだ。

その［珉珉］に触発され、現在の看板メニューである一人前6個の餃子を生み出したのは［餃子の王将］。1号店の四条大宮店は、昭和42（1967）年の創業。その頃より餃子無料券を配り、「安くて旨い王将」の味とイメージを広めた。これは現在の飲食店のクーポンの先駆けだといわれている。

「王将さんがあるから簡単に値段上げられへんかった」「珉珉さんが京都に来はった時、あの餃子は衝撃やった」。取材中、京都の中華料理店のご主人たちから寄せられたコメントである。「値段をとらない京都の中華」「意外に全国トップクラスの餃子好きな京都人」は、店名に「王」の字を持つ、この二つの店が生み出したといっても過言ではないのである。

新福菜館とやきめし新聞

昼どきの烏丸通《からすまどおり》を歩いていると、気になる「カド弁」がある。

「ご存じ新福菜館《しんぷくさいかん》河原町店」

「やーきめーし弁当」

「ラーメン屋が本気で作った」

「遺伝子が喜ぶスーパー旨い味」

売り口上もなかなかだ。「新福菜館」といえば、京都駅そばにある昭和13（1938）年創業の中華そば専門店。ラーメンのたれで味付けする真っ黒な醤油味のやきめしが名物だ。そのやきめしをオフィス街のカド弁仕立てにしたらしい、「新福菜館やきめし弁当」並400円也をひとつ買い求めた。

す、すごい。透明パックにひたすらやきめしが詰まっている。おかずはキムチと紅しょうがのみ。いや、ゆで卵もころがり出てきた。やきめしの味は見た目ほど濃くはなく、チャーシューとねぎ、炒り卵が細かく混ぜ込まれていておいしい。そして弁当の包み紙とな

【昭和】

っていた、「やきめし新聞」なる一枚の紙が目に飛び込んできた。

僕たちは10進法を使っている。なのに時計の針は12時で終わっている。もしくは12時で始まっている。これは一体何を意味するのか？　10進法の世界で時計を作った奴は12進法を選んだんだぜ。それにどんな意図があるんだろうか。トランプのカードは13種類の数字を使っている。そして11から13までのカードだけ王様とかの絵が書いて……（以下ふやけて判読不能）

これは……いったい何？

「あ、それは僕が毎日、朝めし前に書いてるものでして。やきめしは売るけど、ただ時間を金銭に換えるのは面白くないので。バンドのライブの告知もできるし……」

路上のやきめし売りの男性の名は、森島映《もりしまよう》さん。バンド「ＡＵＸ《エーユーエックス》」のリーダーで、日本語ロックを作詞作曲演奏している。そのバンドの前身である「ＢＡＤ　ＳＴＵＦＦ」は京都

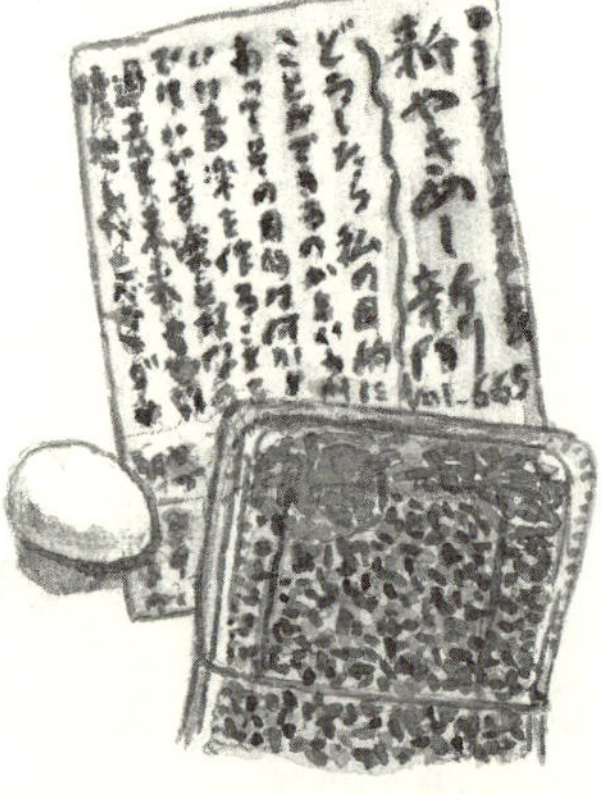

やきめし新聞、ゆで卵、塩、スプーン付き。
1日に1枚、当たり券入り。

のロック好きの間では伝説的存在で、「くるり」が「京都時代に一番憧れてたバンド」として自身のレーベルからアルバム『僕らは電気の原始人』（名盤！）を復刻させている。「高校生の時、『全国ライブハウスツアー』というNHKのラジオ番組で放送された、京都の［磔磔《たくたく》］というライブハウスの『憂歌団《ゆうかだん》』のライブに衝撃を受けて。バンドやるなら京都しかない、と思って、愛媛の松山から京都に来ました」

その後、［ZAC BARAN］［拾得《じっとく》］などの京都の老舗ライブハウスで働きながらバンド活動。［新福菜館河原町店］の店長が店の上階でやっていたロックバー（それもなんだかすごい）に出演したのが縁で、やきめし弁当を売ってみないかと言われ、引き受けた。

「やきめしだけ、ってすごいなと。コアだしロックだなと。僕にとってこの弁当はアナログのレコード。並がシングル盤、大が12インチ。A面がやきめしと紅しょうが、B面がゆで卵とキムチ。そしてジャケがこのやきめし新聞」

現在、新聞は700号目前。バックナンバーを読みたい方は「やきめし新聞」で検索を。

〈追記〉森島さんは［新福菜館河原町店］の閉店に伴い、平成25（2013）年、弁当の営業を終了されました。「やきめし新聞」は、現在もAUXのブログにて全728号を読むことができます。

【昭和】

それぞれの街と中華

街は動く。たった一軒の店の登場が街の地図を塗り替えることもあれば、たった一軒の店のにぎわいに街を感じることもある。「京都の中華」もまたしかり。最後はここ最近、面白い動きを見せている「京都の中華地図」の現在進行形を語ってしめくくってみよう。

東山三条と「深夜中華」

東山三条といえば、ネオンきらめく祇園の北の周縁に位置する、その昔は真っ暗な交差点だった。ところが、最近はなんだか明るい。祇園に繰り出す前に腹ごしらえする人、祇園で飲んだ後に小腹を満たす人でにぎわう〝深夜中華・三羽ガラス〟「マルシン飯店」「龍《りゅう》門《もん》本店」「賓澤《ピンザ》」があるからだ。

最古参は、交差点南にある昭和52（1977）年創業の「マルシン飯店」。営業は午前11時から翌朝6時までだ。開店当初のキャッチフレーズ「眠らないマルシン」の文字通り、深夜3時に満席になることも。名物は、あるホテルのレストランのマネジャーが「スカウトしたいほど仕事ができる」と賞賛する2代目店主・前川《まえかわ》流史郎《りゅうしろう》さんの接客と手作りの「ギョーザ」だ。

【現在】

長い街灯が目印の［マルシン飯店］。
深海魚の鮟鱇《あんこう》のちょうちんみたいだ。

にんにく控えめ、キャベツたっぷりの「ギョーザ」は甘みと旨みにあふれる一品。マヨネーズで食べる、パイのようにサクサクの「揚げギョーザ」も捨てがたい。最近フェイスブックで話題になっているという裏メニュー「揚げギョーザのあんかけ」は、混んでいない時なら注文OK。甘酢にこだわりのある酢豚もおすすめだ。

そんな［マルシン飯店］に導かれるように、平成8（1996）年、交差点西に開店したのがパンチのある四川料理の［龍門本店］。あっさり中華の多い京都にあって

「こういう中華を待ってたんや」と通い詰める京都人が多いのもまた事実（ある人はそれを「京都の反動」と呼んだ）。営業は夕方5時から翌朝5時。「祇園のそばであることとマルシンさんを意識した」と社長の王杲《オウコウ》さん。お酒を飲んだ後にいただく「特製味噌あえ麺」の、豆豉《トウチー》の塩気と山椒の香り……嗚呼！

そして交差点北には朝11時から翌朝6時営業の［賓澤］が。ただし現在コックさんが手のけがのため休業中。早い回復を祈るばかり（追記／［賓澤］はその後閉店）。

百万遍と「どんぶりめし中華」

ひるがえって、百万遍。ここは名門・京都大学を抱える京都随一の学生街。今の学生さんは昔に比べて食が細くなった、というけれど、いざ出向けば、それって本当？　と疑いたくなるほど「どんぶりめしが似合う中華の店」が健在だ。

百万遍の「どんぶりめし中華」といえば［白水《はくすい》］。残念ながら取材は断られてしまったが、ここの餃子定食は百万遍の宝。一人前12個の餃子、巨大炊飯器からよそわれる山盛りの白めし（どんぶりじゃなく皿ですが）に、学生さんを大事にする京都の良心を感じる。

長崎チャンポンの「まつお」もどんぶりめし精神に富んだ店。メニューは長崎から取り寄せるチャンポン専用の太麺を使った「ちゃんぽん」と「皿うどん」、そして白ごはんの「並」と「大」、博多「ふくや」の明太子だ。強者には「皿うどん小とちゃんぽん小のセット」（追記／現在は終了）もある。

西へ行けば「龍門 百万遍店」。「マーボー豆腐定食」など、京大生の多いここ百万遍店と、立命館大生の多い金閣寺店は、ごはんのお代わりが無料だ。

そんな百万遍の「どんぶりめし中華地図」が、北へ南へと拡大の動きを見せている。

北は田中里ノ前の「華祥《かしょう》」。東京の「四川《しせん》飯店《はんてん》」や「華都《シャトー》飯店《はんてん》」などで腕をふるい、「厚生労働大臣賞」「現代の名工」などを受賞した経歴も持つ田《た》口《ぐち》茂雄《しげお》さんが、「なんとなく東京に帰りそびれて」、百万遍の雑居ビルに10坪の店をオープンしたのは平成14（2002）年。中華そばや担々麺、一品料理も出すうちに、「学生さんがなんか安くていいもん食べてる」と噂が噂を呼び、連日満席の有名店となった。あまりに手狭になったため、平成22（2010）年、交差点をひとつ北上した田中里ノ前に移転。小銭を足せば大盛りにもできる淡く上品な「卵白あんかけ炒飯《チャーハン》」を食べた時には、学生街の中華も変わったなあ、と思わずにはいられなかった。

【現在】

[華祥] の「卵白あんかけ炒飯」。
淡雪状のあんは卵白約４個分を使う。

そして南は、東大路丸太町の［七福家《しちふくや》］。平成18（２００６）年にオープンした上海家庭料理の店だ。昼は会社員に交じって、学生さんもいっぱい。２階席から、留学生が「ごはんのお代わり３つクダサイ」と叫んでいたりして、実ににぎやか。「豚肉の細切りと高菜のあんかけ汁麵」や「鶏の唐揚げクミン仕立て」などのランチはボリューム満点だ。

河原町二条と「ホテル中華」

河原町二条の［桂心《けいしん》］は、惜しまれつつ閉館した「ホテルフジタ京都」の［桂花《けいか》林《りん》］のスタッフが、平成23（２０１１）年に復活させた広東料理店。週末ともなれば、店は満席。ホテルフジタ時代の常連とおぼしき家族連れや、とっておきの帽子をかぶった老夫婦がランチセットや点心を楽しんでいる。

この店は、京都の人々にとっての「ホテル中華」の在り方をあらためてよく伝えている。外食においてもハレ（＝よそゆき用）とケ（＝ふだん用）を使い分ける京都では、家族のハレの外食の場として、行きつけのホテル中華を持つ家が多い。家族写真を撮った時、成人式の時、結婚式の時など、人生の節目に世話になったホテルには、その後も何かと世話になるのがこの街の感覚。最終的には「何も言わずともよきに計らってくれる」間柄を目指して3代、4代にわたって店と付き合う彼らにとって、人生の思い出も詰まった行きつけのホテル中華は簡単に手放せるものではない。京都の人々にとって「行きつけの中華」とは、自ら決めるものではなく、自ずと「決まっていく」ものなのである。

【現在】

文庫版付録

京都の中華と京料理

会ってみたい人がいた。
京都の老舗料亭［菊乃井］の3代目、
村田吉弘さんだ。
実は単行本版の『京都の中華』を制作していた当時、
取材先の店々から、「あの方は中華がお好きで……」
「よう食事に来てくれはる」と、
その名をたびたび耳にしていたのだ。
京料理の料理人の目に「京都の中華」は
どう映っているのだろう。
ぜひ聞いてみたかったその問いを胸に、
あらためて、東山にある本店を訪ねた。
非常に興味深い内容だったので、
ほぼノーカットでお届けしたい。

語り手／村田吉弘さん（［菊乃井］主人）、聞き手／姜 尚美
平成28（2016）年9月1日、［菊乃井］本店にて

日本料理と中華

（単行本版を見ながら）河原町の［ハマムラ］がなくなったね。

――そうなんです、２年前の春に。その後すぐに３代目が京都府庁前に［京都中華ハマムラ］という新しい店をオープンされましたが。

ぼくはこの頃、あそこによう行ってるな。河原町二条をちょっと上がったとこにある、［鳳舞］の前の料理長がやってる……。

――［鳳泉］ですね。

［鳳泉］。そこへこの頃、かみさんとよう行ってるね。

――そうなんですね。やはり鳳舞系のお店に。

うん。［竹香］も［芙蓉園］もよう知ってるし、［糸仙］はテレビと一緒に取材にも行ったし。この本に載ってる店で行ってへんとこはないんちゃうかな。京都の中華てね、だいたいどこ行っても、あんまりはずれることもない。

ハマムラ河原町店
昭和12(1937)年
★(現・京都中華ハマムラ)

ぎをん森幸
昭和30(1955)年

ぎをん翠雲苑
昭和37(1962)年

草魚
昭和47(1972)年 ★

芙蓉園
昭和30(1955)年

竹香
昭和41(1966)年

糸仙
昭和56(1981)年

龍鳳
昭和50(1975)年

平安
平成19(2007)年

※取材をお断りされたため詳細は不明であるが、鳳舞系にはほかに北大路の[白雲]や一乗寺の[飛雲白川]がある。

鳳飛
昭和57(1982)年

鳳泉
平成21(2009)年

鳳舞楼
平成27(2015)年
→ [鳳舞]で麺作りを担当していた
相場哲夫さんが開店。
京都市上京区新町通中立売下ル仕丁町 327-7
☎075-555-5568

＊各店主からの聞き書きによる。出身店は各店主が独立直近までいた店を記した。店名下の年は創業した年、★は閉店。

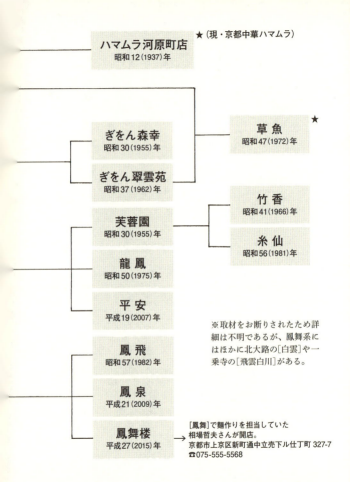

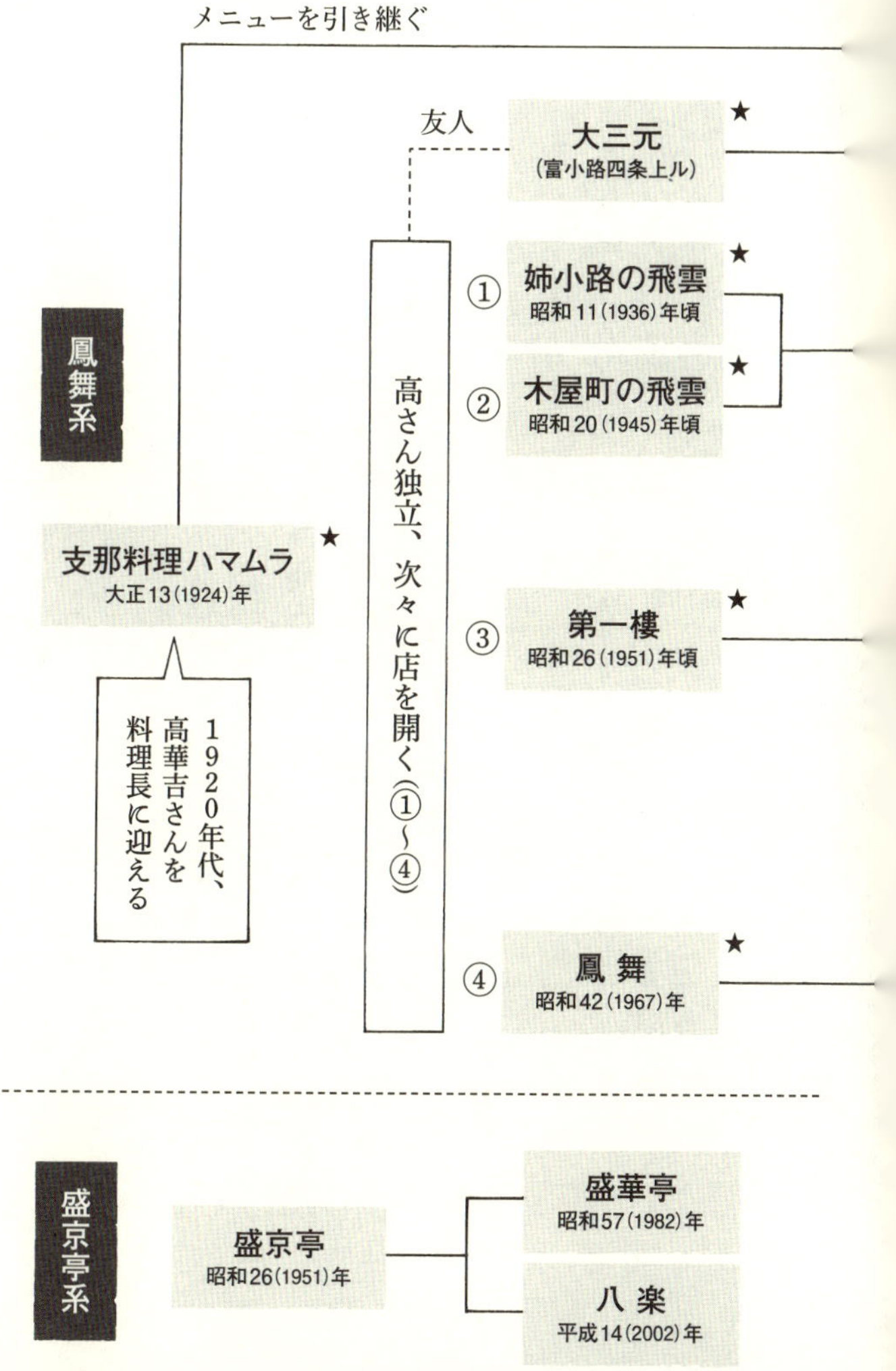

鳳舞系
メニューを引き継ぐ
友人
大三元
(富小路四条上ル)
★
高さん独立、次々に店を開く(①〜④)
① 姉小路の飛雲
昭和11(1936)年頃
★
② 木屋町の飛雲
昭和20(1945)年頃
★
支那料理ハマムラ
大正13(1924)年
★
1920年代、高華吉さんを料理長に迎える
③ 第一楼
昭和26(1951)年頃
★
④ 鳳舞
昭和42(1967)年
★
盛京亭系
盛京亭
昭和26(1951)年
盛華亭
昭和57(1982)年
八楽
平成14(2002)年

——ものすごくまずいという店はない。

うん。なんじゃこれ、ていうようなもんもないし、えらいニンニク入ってたり、ピリカラだったりっていうのもないんですよ。

——村田さんは中華全般というよりは、京都の中華がお好きなんですか。

いや、中華は全般的に好きやね。中華料理ぐらいとちがう？　毎日食べられるのは。

——意外です。一般的な中華は、結構、油っこかったり、味が濃いイメージがあるので。

ぼく、シンガポールエアラインの機内食やってるんで（村田さんは平成10〔1998〕年よりシンガポール航空の機内食の和食メニューの考案を担当している）、シンガポールによういるんですけど、こないだミシュランで一つ星とった「レイガーデン」ていう店とか、高島屋の4階にある「クリスタル ジェイド パレス」ていう店とかは、次に行く日にちまで言うて予約入れてますけどね。

——そちらの中華はそんなに油っこくないんですか。

どう言うんかな、香港でも、シンガポールでも、もう、レベルが高い中華ていうのは、そんなにしつこいもんはないですね。

——洗練されて。

洗練されて。で、どんどん洗練されていくと、だんだん日本料理に近くなっていくんですよ。ぼくら民族の習慣性で、いらんもんはできるだけとっていくということをいつもやりますんで。せやから、「縮み」の文化ですよね。

——「縮み」の文化。

ラジオを小さくしてみたり、傘を折り畳みにしてみたり、扇子もだんだん縮めていったり……。そういうことをやる民族なんですよね。いらんもんをどんどん省いていく。例えば醤油でも、いろんな魚で作ったニョクマムとかナンプラーみたいなもんが、昔は日本の各地方にあったんやと思うんです。今も石川県にありますよね、いかで作ったいしるとか。

——秋田県のしょっつるもそうです。

しょっつるもそう。一方でぼくらは、何よりも尊いもんは水やと思てるわけですよ。「水は清し」で。その水に浸かって過ごす稲という植物が米をなして、その米を水で炊いてめしにして、米と水で酒を造り、蒸かした米にはるか太古からいてる土壌菌をつけて麹を作るわけです。ほんで、それを国菌《こつきん》として豆とか麦とか米に添加して味噌を作り、植物性の醤油を作った。すると、同じ醤油でも、さっき言うた魚醤は動物性のタンパク質の腐敗臭みたいなにおいがイヤやと。植物性由来のもんがやっぱりええと。それで大豆の醤油に特化していく。大豆醤油に特化していく中で、今度、塩分濃度はどうなっていくかというと、いろんなメーカーがあっても、みんなおんなじくらいの塩分濃度になっていくんですよ。

――品質的な競争の結果としてではなく、無意識的に、ということですか。

いつのまにか、自然に。せやから、今、キッコーマンの醤油でも、ヤマサの醤油でも、ほぼ一緒でしょ、味は。

――確かに、利き醤油をしてわかるほど差があるかと言われれば、そうではないですね。

変わらない。同じように、すべての調味料がその過程を経てきたんですよ。酒でも、いろんな雑穀で造った酒より、米で造った酒が一番やと。その酒も、濁らず澄んでるもんがええんやと。澄んでるもんの中でも、雑味のないのがええんやと。そうやっていくと、日本酒もおんなじようになってしもて、結果、酒を発酵させた酢までもがおんなじようになっていく。雑穀酢なんてきつすぎてこんなん使えへん、ええ酢はやっぱり米から造った酢で、原料の米も研いで研いで、「ああ、酒にしたらええ酒になるんやろな」というようなええ米を酢にして、それが一番やという風になっていくわけですよ。で、そういう調味料ばっかり集めてきて、中華料理に添加したら、どうしても日本料理に近い中華料理になってしまうんやね。

京料理と中華

――先ほど鳳舞系の話が出ましたが、鳳舞系の中華で最大の特徴といえるのが、鶏がらと昆布でとるスープだと思うんです。いったいなぜそんなことになったのか不思議で。

あのー、京都の中華で豚の角煮、置いてるとこ、ないやんな。

――角煮ですか？　いわゆる鳳舞系とか盛京亭系の店では見たことないですね。

東京ではどこの中華料理屋にもあるし、百貨店の中華総菜コーナーでも売ってるやん、この頃。でも京都の中華には角煮、ないねんな。

――言われてみたらそうですね。

京都ではね、豚の角煮は京料理の中に入ってるんです。

――東京では中華メニューに入っていて、京都では京料理の中に入っている。

そう。7月の料理としてね。昔の献立では「夏越《なごし》の薬石《やくせき》」、つまり夏を越すための薬の石やと書いたんです。昔、京都は都やったから、それぞれの国守が、今の大使館付きの料理人みたいに自分の料理人を連れて来てたわけです。その人らが作るもんを、京都の料理人が一所懸命見て学んだ。けど、自分の主人は公家で、あんまり運動もせえへんし、しつこいもんも食べへん。なんせ昼は2時間、夜は3時間ごはん食べる人らですから。要するに暇なんやね。でも、暇であることは下品なことなんで、みんな牛車でゆっくり移動でしょ。すると、歩くこともせえへんわ、歌詠んだりとかそんなことばっかりしたはる人らに、ごはん食べささなあかんわけです。

——（笑）

つまり、現代人と同じように、カロリーはいらんけどうまいもん食いたいという人らに料理を作らんとあかんわけです。それによって京料理は発展していくんですけども。そうして、京都の料理人は、各々の国守の料理人やらに一所懸命、その国の料理を聞く。すると、長崎とか、鹿児島とか、熊本から来た国守の料理人らは、豚の角煮なんかを作る。せやけど、自分の主人には甘辛くて、脂っこくて、とうてい食べられへん。で、いろんなもんを削ぎ落として、洗練されていった各自の料理が、今の京料理の中に残ってるんですよ。

——京料理の豚の角煮は、味付けや調理法としては本来の角煮からどのように変化しているのでしょうか。

うちの場合やと、まず豚を焼いて脂を落として、米の研ぎ汁で3日間ほどゆでるんやけどね。その脂が抜けきったやつを、今度は黒砂糖と八丁味噌の薄味で、また長いこと炊くわけです。その後、1日以上寝かして、やっと豚の角煮ができる。その時点では、もう脂はほとんどなくて、コラーゲンしか残ってへんわね。

――豚の角煮は、もともとは中華料理なんですよね。

うん。いっぺんテレビ局と「角煮ロードを逆に行こう」という取材をやりましたけどね。長崎とか熊本から上海へ行って、上海から西湖へ行って。西湖にも、壺に入った豚の角煮で有名な「楼外楼」という店がありますんで。最後は山東省まで行くんですけど、山東省の角煮なんてもうぼくら食べられへんかったね。脂っこすぎて。

――そうなんですか。そんなに違いが……。

蕎麦もそうですよね。西に行ったやつはイタリアでパスタになって、東に行ったやつは日本で蕎麦になって。ブランマンジェもそう。フランス料理を集大成したエスコフィエという人がいるんですけど、彼が書いた、フランス料理をやってる人にとっては絶対的なバイブルみたいな本(『LE GUIDE CULINAIRE』/邦題『エスコフィエ フランス料理』)があるんです。その本のブランマンジェの項に、「オリジナルはシノワ(中国)にある」て書いてあるんですよ。つまり杏仁豆腐ですね。杏仁豆腐には杏の仁を使いますけども、杏仁がアマンドになって、アーモンドになったんやと。で、アーモンドで作ったのがブランマンジェやと。杏仁がとれるのは四川省の方なんで、西のフランスに伝わったのがゼラチンで作るブランマンジェで、東の日本に伝わったのが寒天で寄せた杏仁豆腐。

――昔よく見かけた、あんみつの寒天みたいなやつですね。

そうそう。今はあんな杏仁豆腐作るとこ、あんまりないけどね。昔のあの、硬い、ぷりんとした。

――四川省では杏仁豆腐にゼラチンを使うんですか。

羊のゼラチンか豚のゼラチンかわからんけども、おそらくゼラチンで寄せたんでしょう。せやけど、動物性のもんを、仏教上の、宗教上の理由で食べなかった日本人にとっては、ゼラチンなんか知らんし、寒天で寄せるしかないですよね。周りは海ですから、海藻はなんぼでもあるんやし。杏仁豆腐を食べてみて、「これを日本で作るなら、寒天で寄せたらええにゃろ」と考えはったんでしょうね。

――面白いです。

ぼくはシルクロードの最終地点は京都やと思てるんです。教典だけは奈良まで行きましたけど。文化はすべて京都でとどまってしもたと。

――とどまった。確かに、豚の角煮の例からもよくわかります。

せやから、さっきの鶏がらと昆布でとるスープに話を戻すと、京都の人が、京都の水でいろんな脂を洗い流して、いらんもんを削ぎ取ってやね、上湯《シャンタン》とるいうても金華ハムはないし、それほどいろんな材料がない中で、まあ、鶏《とり》はあるから、かつおと昆布でふつうのだしをひくみたいに、鶏と昆布でだしをとったと。しかもね、どの店も、全然、沸かさんととるんやね。グラグラせえへんから、澄み切ってるんですよ。

――煮立たせないことで、あの透明感が。

全然、煮立たせない。で、ねぎもちょろっと、しょうがもちょろっと入れるだけで。そんなんもん入れて利くか？　くさみ消えんのか？　みたいな感じで（笑）。昆布から出てる旨みがおおかたなんやね。和だしに非常に近いねん、もう。

――村田さんは、鶏がらに昆布が入っているということを、飲んでわかられたんですか。

飲んだらわかる。旨みのレベルが非常に高い。鶏がらやなくて、丸鶏《まるどり》入れたらもっとおいしいんやけどなあ、と思うけども。みんな鶏がらなんやね。安いから。

――［ぎをん森幸］では、鶏の頭だけでスープをとるとおっしゃっていました。

［森幸］な。あそこやろ、白川のほとりの。昔は四条堀川のとこにあった。

——そうです。実際、スープに使っている昆布を［鳳泉］や［鳳舞楼］で見せていただいたことがあるんですが、［鳳泉］では利尻昆布を使っておられました。

利尻使《つこ》てはるだけ偉いな。京料理はみんな利尻使うやん。昆布のいやなくさみとかとろみが出えへんねん。一番高いけど。

——［鳳飛］のご主人なんかは「神戸に行くと鶏がらオンリーのスープが多いけど、ぼくらがそれ飲むと白湯《さゆ》みたいに感じる」とおっしゃっていました。

鶏がらにイノシン酸がたくさんあるかていうと、そんなにないねんね。かつおに近い。かつおと昆布の合わせだしの旨みていうのは、かつおから出てくる3％ぐらいのイノシン酸と、昆布から出てくる97％ぐらいのグルタミン酸が相乗を起こして生まれるもんなんや。せやから、鶏がらと昆布の関係も、それに近い。

——はー。鶏のイノシン酸と昆布のグルタミン酸が……。

結局、鶏のイノシン酸と昆布のグルタミン酸が、旨みの相乗を起こしてんにゃと思うねん。まあ、ときどき、しいたけも入れたりしたはるけどな。

——それは初耳です。しいたけもやはり、旨みを足すためにですか。

精進だしは、昆布としいたけでひくやん。グルタミン酸とグラニール酸で相乗作用16倍になるから、より旨みのレベルが上がってくる。この人らに「昆布も手ェ落としたらあかんで」って、ぼく、よう言うねんけども。ええ昆布使て、ええだしひくと、結局、だしに頼る中華料理になるんやね。そんな中華、世界で京都しかないんちゃう？

——だしをベースとして組み立てていく中華。

そう。せやから、京都の中華はシルクロードの最果てで、これ以上行くとこないねん。

——もう変化しようがない。

変化しようがないねん。ぼくのじいさんは、「京都に一番最初にできた中華料理屋は［ハマムラ］や」て言うてたね。

——大正時代、縄手通四条を上がった東側にあった［支那料理ハマムラ］のことですか。

ぼくが聞いたんは、なんやその［ハマムラ］が向こうからコックを連れてきて、えらい中華的な調度品も運んで、ごっつい中華料理屋をやったんやと。で、京料理に慣れ親しんだ旦那衆が芸者衆を連れて、そこへ中華料理を食べに行ったんやと。で、そこの弟子やらがみんな分かれて、京都のあちこちに店ができていったんやと。そういうような話をしたはったけど。

——村田さんはそれを子供の頃に聞いておられたんですか。

じいさんが明治生まれで、ぼくが大学上がる頃、1970年ぐらいまで生きてたから、まあ、戦争に入る前とか、そんな頃の昔話とちゃうかな。確か木屋町御池あたりにも［ハマムラ］があったな。ぼく、子供の頃、いっぺん連れてってもらったことあるわ。

――［新ハマ］（［新ハマムラ］。現在は閉店）のことですか。

そう、［新ハマ］。西北角。

――室町にも［ハマムラ］さんがあったとお聞きしました。［鳳舞］の玄関前にあった日本庭園の鞍馬石や池の鯉は、そこから移されたものらしいです。

そうなんや。みんな関係してるんやね。せやけど店がどんどんなくなっていくさかいに……。

――そうなんです、跡継ぎがいらっしゃらなくて。

ねえ。

――ところで村田さんは、高華吉さんはご存じですか。

聞いたことある。京都の中華の元祖みたいな人やろ。

――おそらく、おじいさまが話されていた［ハマムラ］のコックというのが……。

うん、この人やねんやろ?

――はい。その高さんなんですが、聞くところによると、当時、［有次］に中華包丁を特注していたらしいんです。料理人の方が包丁を特注したくなる時というのは、どういうことを求めて頼むものなんでしょうか。

重さとかバランスがよかったんちゃう？　ぼくらでも出入りの包丁屋さんは決まってて、［瓢亭］は［有次］やし、［菊乃井］は［尚台《しょうだい》］やし。この頃、ドイツのヘンケルなんかが和包丁を作ってるけど、むっちゃ使いにくいもん。中華包丁は、ステンレスってなかなか難しいんでね。今の人らはステンレス使てる人もいるけど。あれは、肉を骨ぐち（骨ごと）叩き切れもし、細かい細工もできんとあかんから、バランスがちょっとでも違うと、使いにくいていうのがやっぱあったんちゃう？

――これは［平安］のご主人が使われている［有次］の中華包丁の写真なんですが、ひと目見て、どう感じられますか。

きれいな中華包丁やな。どう言うのかな、ふつう、もうちょいずんぐりしてるやん。日本の刃物で作る方が、そらええ中華包丁になるやろ。日本の刃物の技術って、やっぱ世界で一番やろな。

――日本刀が一番切れるって言いますもんね。

「切る」というものの思考が、ほかの国の人らと日本人は違うからね。日本料理五法のうちの第一法が「切る」やから。切るていうのは、ほかでは料理のうちに入ってないねんな。彼らにとっては、両刃の包丁をくさびみたいにボーンと前へ打ち込んで、「ものを分ける」という作業なんや。日本の場合は、片刃の長いもんをゆっくり手前に引いてくることで、細胞まで切りたいと思てるわけや。せやから、洋刃の包丁でもの切ると血が流れるけども、和包丁で赤身のマグロ切ると表面がつるっとしてるわね。細胞まで切ってるから血が流れ出ることがないわけや。レアのステーキも、和包丁で切ると血が流れへん。「切る」という感覚が違うねんな。せやから、高さんも、日本の包丁を使たらよう切れるから、ものをちぎるみたいな感覚ではないから、それに近い中華包丁があったら、もっといろんな仕事ができんのにと思わはったんちゃう?

——刺身みたいに肉を切りたいと。

青椒肉絲みたいなもんは薄く肉を切って、それをまた縦に切らなあかんから。鶏の肉なんか切りにくいやん。そういうもんも、すかっと切れたら、もっと仕事もきれいにできんのに、ていう風に思わはったんちゃう?

——とても興味深いお話です。少し話が戻りますが、［新ハマ］以外に思い出の店などはありま

すか。

そういえば、さっき話に出た［瓢亭］の14代目の高橋英一さんとようあそこ行ったなあ。大丸の近くにあった……［大三元］！　あの電車みたいな椅子、こんなんで、こんななった（手で直角を表す）、背もたれまっすぐな椅子に座って。

――私は行ったことがないんですけど、その直角の椅子のことは、当時行っておられた方々からよく聞きます。［大三元］を開いた陳さんという人は、高さんと一緒に神戸から京都へ来られた方で、二人はとても仲良しだったそうです。

そうなんや。［大三元］、あそこ好きやってんけどね。しゅうまいとかおいしかったし。

――最近は［鳳泉］によく行かれるとおっしゃっていましたが、その他によく行かれる店とか、お好きなメニューはありますか。

［芙蓉園］の「鳳凰蛋」は今もよう食べるね。お父ちゃんとお母ちゃん、それからおばちゃんがいてた頃から行ってるし。［露庵　菊乃井］（木屋町四条にある割烹。［菊乃井］の姉妹店）から歩いて行けるから、よう行っててん。その頃はよう食べてたなあ。でも今、そんなようけ食べられへんねん。せやからもう、むちゃくちゃ言うて食べてんにゃけどな。

――（笑）どういうことですか。

まず鳳凰蛋やろ、それから、半チャーハンのチャーシュー倍。量は半分やけど、チャーシューだけ倍にしてもらう（笑）。ほんでスープ。ここらへんの店がええのはね、茶碗みたいなうつわでスープが出てくんねん。こんなでかいのとちごて。なんもたいしたもん入ってへんにゃけど、あのスープがええねん。それと、半しゅうまい（笑）。

——個数が半分ということですか。

そう。ふつう10個ぐらいあるところを5個ぐらいにしてもろて。ほんで全然利かへん、あのカラシな。

——あの全然ツンとこない。

全然こない。どの店行っても全然ツンとこない、あの酢で溶いてあるやつ。あれと醤油でしゅうまいを食べるのが好きなんや。

——よくご存じですね。確かにみなさん、酢で溶いているとおっしゃってました。あのカラシは、あえて利き加減を弱めてあるんでしょうか。

わからへんにゃ、おれ（笑）。なんであんなカラシを使うのか。ねえ？

——カラシといえば鳳舞系の店には「カラシソバ」というメニューがありますね。味付けした麺に、さらにだしの利いたあんをかけるというのがだいぶ変わってるな、と……。

（笑）京都の人は、あんがかかってるもんが好きなんやね。どろっとか、ずるっとかしてるもんが好きなんや。ぼくもよう［芙蓉園］で「鳳凰蛋のレア」とか言うてんねんけどな。あれは片栗粉を溶き入れるタイミングで変わってくんねん。まあ、ちょっとの違いで大きく変わるような料理が多いわね。酢豚なんかでも、あんな酢豚、あらへんわな、ふつう。

――どういう点で……。

いや、よその店で酢豚とかいうたら、たけのこ入ってたり、いろんなもん入ってるやん。でも豚だけやん。

――（笑）

どっこもみんな。ねえ？

――はい。この本の表紙も［糸仙］の酢豚なんですけど、これ……。

豚だけやん！（笑）まあ、ときどきパイナップル入ってるとこもあるわ。［蕪庵］なんか、パイナップル入ってたりするんやけどね。あんもコテコテにすんのとちごて、なんかさらっとした、あんまり塩気のない、ツンと酸っぱいような酢豚やねんな。で、これって（表紙を指して）、酢豚でめし食おかという酢豚ではないねん。

――酒の肴ということですか。

酢豚で酒飲まはんにゃろな。［糸仙］も、上七軒にあって、お茶屋さんの人らとか、芸者衆の人らとか、西陣の旦那衆が来るさかいに、しつこいのイヤなんやろな、きっと。ほんで、これでビール飲んだらうまいやろとか、酒飲めるやろとか、そういう感じの中華ばっかりなんや。

――確かに、肉の切り方もおつまみ的ですね。みんなで、お箸でつまめる感じの。

おつまみなんやな。ほんで脂身もあんまり入れへんねんな。

――焼豚でも、脂身の多いばら肉が好まれないらしくて、赤身の多いもも肉を使っている店が多かったです。しかも焼豚と言いながら煮豚の店も多い。

脂はちょろっとだけついててな。［芙蓉園］なんかは、焼豚の火の通し加減がええわな。絶妙やわな。

――火はちゃんと入りつつ、やわらかさもあると。

この頃の料理みたいに、なんやピンク色してるなあ、みたいなんは気持ち悪いやん。豚やし。ちゃんと火は通ってるけど、ほわっとしてるというのがええのとちゃう？　そういえば、［竹香］の旦那さんがどういうわけか、ぼくを慕ってくれたはって、ときどき「焼豚を焼きました。ちょっと大将に……」とか言うて、持ってきてくれはったりする。

——古門前店で中華弁当をされていた（現在は予約注文のみ）ご主人ですか。

そうそう。前は中華カステラとかもやったはった。こんなおっきいの。パン買うより安いなあ、みたいな感じで。何回かテレビ番組でも取材させてもろたんやけど。

——［竹香］のご主人が村田さんを慕っておられるというのが、まさに京都の中華と京料理の縮図のような感じですね。

こないだ、［芙蓉園］とこのご家族もお母さんの誕生日でうちに来てくれてたで。年に1、2回来てくれんねん。ぼくらいつも［芙蓉園］で払《はろ》て帰るの2000円ぐらいやから、えらい悪い気がするけど。

——京都の中華は、本当に値段が張りませんよね。なおかつ京都らしさも味わえるということで、旅行者の間でも食べたいという方が増えているそうです。

みんな結構、気楽に商売したはるしね。えらい長いこと休んでんなあと思たら、「ちょっと旅行行ってた」みたいな感じで。いつやってんにゃわからへんような。下河原通の［八楽］なんか、こないだ昼1時半に行ったら「今日はもう終わりです」言われて。

——（笑）もっと営業時間をのばせば、お店も潤うでしょうに……。

みんなガリガリ商売しようという気はないのちゃう？

――なぜそのような姿勢でいられるんでしょう。

さあ……。みんなきらくーにやってはるわ。メニューもそんな変わらへんし、いつ行っても年中おんなじメニューやし。

――昼と夜でメニューを変える店もほとんどないですもんね。

うん。ほんでみんなあるもん、だいたい決まってるし。［鳳舞］が一番メニュー数、多かったかなあ。トマトと牛肉の煮つけとか、キクラゲと豚肉の煮つけとか。なんかそんなんがあったわな。

――そのあたりのメニューは［鳳泉］や［鳳舞楼］が今も引き継いでらっしゃいますね。

［鳳舞］のあのエラそうなおばちゃん、どこ行った？

――（笑）

［鳳泉］に聞いたら、「まだいてます、元気でっせ」て言うてたわ。「もうそこそこ歳やろなあ」って。どっちが金払てお客さんかわからへんような、あのおばちゃんな。

――［鳳舞］に行かれてた方は、ほぼ全員、おっしゃいますね。

無愛想なおばちゃん。「注文は一回でお願いします」（笑）。

――ベタベタされないので、それがかえって気楽だったとおっしゃる方もおられますけど。やは

り、そういう料理以外の、接客とか店のしつらいなんかも見られますか。

そやね。まあ、昔の中華の店は、ガッツとした木で出来てて、椅子も古くさぁて、それなりの雰囲気があったね。この本に載ってる頃の［鳳飛］がそんな感じかな。

――［鳳舞］を施工された方と同じ方が手がけられたらしいです。

そうなんや。京都はねえ、昔、修学旅行がものすごく増えた時に、古い旅館がみんな建て直して、ホテルみたいにフロント設けて、近代的な旅館にしていかはったんや。でもその時代、うちの又従兄弟にあたるんやけども、［近又］（御幸町四条上ルにある享和元年〔1801〕創業の料理旅館）なんかは、お金なくて、商人宿やったとこをそのまま一所懸命じわーっと手入れしてたら、今では国の登録有形文化財や。もし、あんな狭いとこにビル建ててたら、今頃、あそこの店もなくなってるわな。

――老朽化もあるでしょうし、その判断はとても難しいですね。

結局ね、何がようて何が悪いかていうのは、ある程度、長いこと経ってみんと、わからへんねん。汚いのはあかんで？　古汚いていうのが一番あかんねんな。せやけど、古うてもきれいに掃除してあって、これは毎日磨かれてんねんなあ、というもんであれば、それは時代を超えて、きれいなんやな。

――清潔とかいう以上の、きれいさというものが出てくる。

うん。そういうのがやっぱり、ええなあ、と思うねんなあ。

――中華にもかかわらずよく手入れしてるなあ、と印象に残っているお店はありますか。

［盛京亭］なんかは、観光客の出入りが激しい四条通の、あんな路地奥にあっても、結構京都らしい感じがして、ええなあ、と思うね。油でねちゃねちゃもしてへんし。［竹香］とか［蕪庵］なんかもそやね。中華料理屋やのに、料亭みたいに、玄関先とか庭に水まいて、ちゃんとしたはる。

――確かに京都の中華で「このねちゃねちゃも味のうちや」みたいな開き直りは聞いたことがないです。

まあ、行く時の気持ちもその都度、違うしね。［珉珉］へ行こかていう時は、店のみんな連れて餃子でも食べよかという時やし、［竹香］へ行こかていう時は、おばあちゃんも子供も連れて、家族で行くていうような感じがするやん。かみさんと百貨店まで行ったし、帰りにごはんでも食べよかていうたら［芙蓉園］へ行くとか、ちょっと中華食べたいし近所へ歩いていこかていう時は［八楽］へ行くとかね。

――そういう使い分けみたいなことは、確かに自然とやっていますね。

それにしてもこれ、どの料理見ても中国人は中華料理やと思わへんやろな。こういう、青磁の皿とか中華紋がついた皿、中国にはないもん。もう、なんか白い皿や、ふつうの。

――そうなんですか。

この春巻かて、卵巻きやん、もう。

――（笑）

ふふ。

――なんでこんなにたけのこが多いんでしょうか。

たけのこいっぱいやん。たけのこばっかりで、かさ上げてんのちゃうか言うて。

――（笑）かさ増しですか。

それは冗談やけども、やっぱりね、テクスチャーと香りはすごい気にしてるみたい。それ、京都の料理全般に言えることなんやけどね。

――へえー。

京都の料理は何が違うのかって聞かれたら、ぼくらは、まずテクスチャーどうすんねん、香りをどうすんねん、ていうことを考えるわけや。やらかいもんの中にはシャッキリしたもんを入れたくなるし、しょうがとかゆずとか木の芽とか、そういう香りのするもんを多用するやん。これちょっと山椒つけたほうが旨いなあ、とか、これもうちょっとコリッとするもんが中に入ってる方が旨いなあ、とかいう感覚がやっぱり京都の中華にもあるわな。

――なるほど。

春巻なんかでも、あれはもう、歯ざわりやろ。

――歯ざわりを食べている。

そうそう。外側があんまりパリッとしてたら中側のシャキシャキがようわからんから、外をあえて卵の皮で巻いてふにゃっとさせといて、中をたけのこでパリパリさせといた方がおいしいなあ、ていう感じなんちゃう？

――京都の料理がテクスチャーと香りを気にするというのは、なぜなんですか。

まあ、京都ほど食べるということに対して集中してもの考えたことが、ほかの地方ではないにゃろな。もともと日本人は、テクスチャーが好きなんや。パリパリとか、もっちりとか、コリコリとか、パリッと、とかいう、こんな擬音語はよその国にはないねん。「これパリパリしてておいしいなあ」て言うけど、パリパリていうのは別に味ではないんで。「パリパリしてておいしい」ていうのは表現としておかしいねん。せやけど「もっちりしてておいしいなあ」「パリパリしておいしい」て言うやん。それってただの食感やん。食感がものすごく重要なんや。

——食感がおいしさにつながっている。

つながんねんね。で、どこまでが香りで、どこまでが味覚か、今の科学ではまだようわからへんねん。今、京大のラボと一緒に研究してんねんけども、レモンの香りがしてる水といちごの香りがしてる水を飲んでもらって感想を書けというと、必ず、レモンの方は酸っぱい、と書く。レモンの香りがしてると、果汁は入ってへんでも酸っぱいと思うわけや。で、いちごの方は甘いて言うねんな。香りと味ていうのは、受容体の部分で切り離すことができないところがあって、それも含めて味覚て言うねんな。せやから、香りていうのはものすごく重要で、そうめんに青ゆずがパッと入るだけで清涼感が出て、だしだけで食うよりもはるかにおいしいと感じるわけや。そういう、おいしく食べるテクニックみたいなもんを、京都の料理屋はよう知っててんねんな。

——おいしく食べるテクニック。

このカラシソバなんて、そのものやんか。

——カラシの香り。あの香りが。

別に何ちゅうわけでもないあんかけそばやけど、カラシの香りがシュッとしてるさかいに、あのどてどてのそばでも食えんにゃんか。

――（笑）確かに、麺はかき混ぜにくいです。

あのどてどての、伸びたようなそばを「旨いなあ」と思て食えんのは、カラシがあるからやで。あれなかってみいな、なんかもう、どてどてで、なんやねんこれ、ていう話になると思う。

――確かに麺を持ち上げた時のあのカラシの香りで、ぐっと食欲が増しますもんね。

そうそう。せやから酢豚でも、普通の酢豚よりマイルドやけど、キンて来るやん。

――みなさん、［林孝太郎造酢］とか、［齋《いつき》造酢店］の酢を使っておられると聞きました。

ええ酢、使てんにゃ。林さんとこの酢て、ええ酢やで。ええ酢はアミノ酸量も多いから、旨みが多いねんな。ベースがお酒やから、その延長線上で甘みもあんねん。せやから、ええ酢は、マイルドやねんけど、キンと来るねんな。そのキンとした感じが、食欲がわくし、うちのおばあさんなんかはいつも「酸っぱいなあ、これ」とか言いながら、食べはんねんけど。ほんで、肉に下味がついてるやん。あの酸っぱいのと、その下味の醤油の加減が、「なんとものうおいしい」というやつやな。「なんともいえんおいしいなあ」ていう、京都人独特の表現。どう言うてええかわからへんけどおいしい、ていうのあるやん。

――お茶の先生でも、うつわを褒める時なんかに「なんともいえんええなあ」とおっしゃっているのを聞いたことがあります。

せやから、なかなか難しいやろな、田舎もんにはわからんやろな。「東京人には絶対わからない」て書いといたらええ（笑）。こういうのは、一回や二回ではわからへんねん。東京っていうのは一回行っておいしいかまずいかてすぐ言うてしまうけども、ぼくら、「おいしいこともまずいこともないけどまた行ってしまう」みたいなんがおいしいと思てんにゃ。ふふ。

――（笑）

トロを毎日食えるか言われたら食えんやん。せやけど、鯛を毎日食えるか言われたら食えるわな。で、鯛とか鱧みたいに、「これ……味あるっちゅうたらあるけど、ない言うたらないなあ」ていうようなもんが毎日食べられるし、その方が京都人はおいしいと思てるみたい。トロみたいに、食べた時のインパクトが強くて、「旨いなあー！　これ」ていうようなもんは、もう3きれも食べれば「こんなぎょうさん要らんわ」と。実際、そういうもんはあんまり「おいしい」て言うてきいひんみたいよ。

――ちょっと乱暴かもしれませんが、もし京都の中華を京料理としてとらえたら、どのような部

分が京料理的だと思われますか。

まず、だし中心やろ。で、本土の中華料理と比べると、みんな個食に近いわね。みんなでいろんなもんとって、ひと口ずつ食べよか、みたいな雰囲気やん。せやから、ポーションも東京の人見たら怒るで、ていう量しか入ってへん時あるやん。ぼくらでも「春巻1本と……」とか言うてるもん。

――（笑）店側もまた、きめ細やかに対応してくれますしね。「からあげ、3個にしときましょか？」とか。盛京亭系のお店は、特に。

お客さんも「もうええわ。それ以上食べられへん」とか平気で言わはるしな（笑）。

東京の中華と京都の中華

――この本で取材させていただいたどの店の方も口を揃えておっしゃっていたのですが、最初は「こんな油っこいの食べられへん」とか「着物ににおいつくから香辛料使わんといて」とか、けちょんけちょんに言われたと。そして、その声に対応する中で、ようやく今の味に落ち着いたんだと。京都には、なぜそうやって文句を言いながらも、店に通って、最終的には自分たちのもの

にするという、ある種の型みたいなものがあるのでしょうか。

あのね、東京とちごてね、京都みたいな狭いとこで「もうあそこ行かへんわ」て言い出したら、次行くとこないねん。

――（笑）なるほど。

京都の人はね、言いたいこと言うて、近所の店に自分の思うようなもんを作らそうと思うわけ。京都で「ここもう行かへんわ」て言うたら「ほなどこ行くのん」ていう話で。「わざわざ車乗って食べに行くの？」みたいな話になるやん。ほんなら、まあまあ、歩いて行ける近所の範疇で、そういうとこがあった方が便利やんというのはあるわね。ほんで、どう言うんかな、そんな主人の顔もわからんような広い広い店もあんまりないんで。

――ああー。会話できたり、声をかけられる。

しょっちゅう来てもうてたら、「おおきに、今日どうでした」て店側もひと声かけるし、そしたら「次にわしが来た時は豚だけにしてくれへんか」とか言うて帰らはんにゃろな。

――確かに［盛京亭］も、「酢豚はさいころみたいに小さく切ってや、でも脂身もちょっとだけ入れてな」と部位や大きさまで指定されると言っておられました。

結構ね、京都はそういうお客さん多いんや。ぼくらでも木屋町で割烹店やってるけど、

「名前は覚えんでもええから、わしの顔覚えといてや。ほんで、次、わしが来たら、鯛は薄いめに切ってくれ」と。「せやないと、歯が悪いから食えんねん」と。それ別にね、言わんでもええこっちゃろと思うねんけども、そうした方が、店には印象に残んねんな。

——お店側にとっても、その方が都合がいい。

その方が、ああ、またあの人来はったな、てすぐわかるわけや。覚えとけて言われてるから。で、ポチ袋に千円札入れて、「まあ、ちょっとわがまま言うたしな、これでコーヒーでも飲んで」て帰らはるにゃ。そうすると、覚えるわね。ものすご印象深いわね。

——ひとり対ひとりとして接するから……。

そうそう。ぱっと見て、「あ、鯛、薄ぅしときましたさかいに」て言うたら、「おう、覚えててくれたんか、ありがたいな」て言うて、ごひいきになる。そういう、人間対人間で商売ができる街の大きさなんやね。

——東京ほどの大規模な街になると、なかなか難しいかもしれませんね。

そんな細かいことに気ぃ使てられへんやろな。「おばあちゃん、歯が悪くて硬いもんあかん言うたはりましたなあ、せやから、やらかいめのこういうの作っときました」とか言うてもろたら、「おおきに」ていう話になるやん。そういう商売の仕方っていうのは、ええ加減の都市の大きさやないと、できひんわな。「長いこと顔見てまへんな、どないしはったんですか」「ちょっと病気しててな」みたいな会話って、京都ではよう聞くやん。「どうしはったん、足」「いや、この前こけてな。腫れてんねん、ちょっと見て」とか。なんかこう、もっと気安いねんね。

——都市の大きさが関係してるとは思ってもみませんでした。

東京みたいに地価が高すぎると、30坪くらいの小さい中華料理屋でもえらい値段になるから、売ってるもんと相続税のバランスが合わんようになって、でけんようになるねんな。

——特に個人のお店は。

個人のお店は。で、売ってしまわはる。売ってしもたら、もうそこにビルが建つ。ビルが建つと、オーナー企業みたいな資本のある人がそこに大きな店舗を作る。で、配属されてる人間は売上によって自分の成績が決まるから、いちいち人見て商売するような悠長なこと言うてられへん。京都はまだ、暇でもしゃあない、店にあるもん食うてりゃ、飢え死にはせえへんわ、みたいなところでやったはるやん。こないだも、「中華料理屋のまかないて中華料理なんやなあ」て言うて。［鳳泉］で。

——意外とみなさん、店のメニューそのものを食べてらっしゃいますよね。

店の一番奥のテーブルでなんか食べてるから、「何食うてんにゃ?」て聞いたら、「中華料理食うてんにゃ!」て言うて。

——確かに、カラシソバも週に2、3回はまかないで食べるとおっしゃってました。カラシの量を好きにして。

カラシソバ、あれ、うまいことできてるわ。カラシが利いてるようで利いてへんようで、ちゃんとカラシの香りはして。お年寄りとか子供でも食べられる程度の辛さなんやけども、辛いのが好きな人でも許容範囲でなんとかなるというぐらいの利き加減?

——確かに「物足りない」とはならないです。

何となくぬるーい感じていうか。ビシッとしてない感じがええねん。せやから、ちょうどええ加減やと思うで、ぼくは。

——東京の方には「ぼんやりした味」と映るみたいですけど……。

そうそう。東京の人を「おいしいやろ」て連れていくと、「やさしい味だね」って(笑)。やさしい味の中華……? って。

——表現を探しあぐねた跡が見えますね(笑)。

ぼーっとしてんにゃろなあ。

――やきめしでも、「ひと口目でうまい！　てお客さんが言うたらドキッとする。全部食べ終えて初めて、ああ、おいしかったと言われるぐらいの味付けがいい」とおっしゃる店主もおられました。

せやけど、京都みたいな古くさいやきめし、東京じゅう探してもないかもしれんで。

――どう古くさいんですか。

焦がし醬油めしみたいなもんやんか、言うてみれば。家庭でやるよりはちょっと旨いかな、ぐらいで。東京やったら、かにチャーハンがあったり、五目チャーハンがあったり、いろいろあるからね。［盛京亭］のかやくごはんも……。

――（笑）やきめしのことを「かやくごはん」と言ってしまってますね。

かやくごはんやんなぁ、やきめしというよりは。にんじんも入ってるし、たけのこのコリッとした感じもあるし、チャーシューも入ってるし、みんながこまごまになって。せやけど、なんか、飽きんと食べられるねんな、どこのやつも。東京の中華はね、なかなかね、続くとつらいもんあるよ。

――毎日食べると。

うん。

――ただ、この本を作っている時に、最先端の中国料理を研究されているシェフの方々からは「本場にもっと学ぶべき、進歩がない」という辛口の意見を聞くこともありました。

それはそれ、これはこれで、両方あってええやんと思うけどね。ぼくが審査委員長をやってる「RED U35」ていう35歳未満の料理人のコンペティションで、去年、「香宮《シャングウ》」の篠原裕幸くんというのを優勝させたけども、彼は「日本の中華料理を世界レベルにしていきたい」と言うねんな。今、フランスでは星を持ってる日本人シェフが26人いるんやけど、香港とかシンガポールで活躍してる中華の日本人シェフはまだ出てないと。たぶん、上の世代が重たすぎて、若い人らの上で鉄板みたいになってしもてる、みたいなことが中華料理界にもあんにゃろな。

――確かにフランスで活躍されてる日本人の料理人の方はとても多いですね。日本にもフランス料理店が多いですし。

そもそも日本のフランス料理は、京都の「萬養軒」が一番古いんやけどね。せやけど、「萬養軒」がフランス料理店やと思てる人はもう少なくて、ほとんどの人が洋食の店と思てるわけや。でね、京都の人らは今、フランス料理やなくてそっちの洋食が食べたいと思たはるみたい。「グリルフレンチ」とか「洋食 おがた」みたいに、ちゃんとおいしい肉使て、おいしいソースで作ったハンバーグとかビフカツがええわ、もうフランス料理とかイタリア料理とかわけのわからんやついらんわ、ていう感じになってきたはんねん。カッコつけてもの食べんでも、デザートはちゃんとオーブンで焼いたプリンがええわ、て。京都は食べもんでカッコつけようていう人が少ないねんな。ワインとチーズの名前ぎょうさん知ってるより、自分の好きなやつだけ覚えといたらええねん、ていうのが京都人なんや。

――食べ物でステイタスを得ようとしない。

うん。せやから、京都の中華も、その洋食の位置にあるねんな。そんなカッコつけんでもええやんと。トンがった中華が食べたい時はそういう店に行くし、自分の嫁はんと気楽に食べる時はそういう店でええねん、ていう人がぎょうさんいはるわけや。で、その人らが日常茶飯に食べたいなあと思う中華は、洋食でいうたらコテコテのベシャメルの、コキールてどこにあんねんそんな料理ていうもんが食べたいわけや。で、そういうもんを求めてる人間は、日常の中華と、トンがってる中華を一緒にすることはないわな。

中国の中華と京都の中華

——洋食と京都の中華が同じポジションであるという先ほどの分析は大変しっくりきます。

まあ、ヨーロッパの人が日本の洋食を食べたら、「これは何料理や?」て言うと思うけどな（笑）。洋食すなわち日本料理やから。京都の中華も、本場へ持っていったら、「これは何料理や」て絶対言いよるわ。

——下手したら「日本料理か?」と……。

「ぼくらの口にめちゃくちゃ合う日本料理やなあ」て言うと思うわ。

——（笑）

カレーも、もともとは洋食やけど、海外ではジャパニーズカリーて言われて日本料理屋にあるわけやん。ラーメンも。それって、京都の中華も一緒なんやて。

——海外では日本料理として見られると。

日本料理になるよな、これ。上海の人に「これ鳳凰蛋です」て言うて出したら……。

——「これが有名な親子丼ですか」と（笑）。

なるやろな。

――そういう越境料理みたいなものって、世界にたくさんありそうですね。

ペルーでもね、今、日本料理やっとるやつらが3世なんやね。ほんで、自分らがやってる料理が日本料理かどうか不安を持っとるわけ。せやから、お金ためてうちの店へ研修に来とったりすんねんけども、たいしたもんよ。現地でも、彼らが作るポン酢セビーチェの方が人気らしい。地元のペルー料理のレストランにも、普通のセビーチェとポン酢セビーチェが二つあるぐらい。昔、日本から来た料理人に「お前らは日本で修業してへんから日系料理て言え」て言われて、「自分らは日系料理ですから……」とか言うとんにゃけども。日本からペルーに行った日本料理の人間より、よっぽど努力してええもん作っとんにゃけどね。

――ある意味、京都の中華と似た境遇ですね。

似た境遇やんね。せやからぼくらがペルーでイベントした時に、「お前らもう日本料理て言え」て。「そんなん言うたら怒られる」て言うからね、ぼく、日本料理アカデミー（京都市内の日本料理店の店主や調理学校関係者らが日本料理の世界的な理解促進などを目指して平成16［2004］年に設立した特定非営利活動法人）の理事長やから、「村田がええて言うたんやから、大丈夫や」て言うてきたんやけどね。

——どういう意味で日系料理ではなく日本料理と言っていい、と思われたんですか。

ぼくは、料理というもんは、いろんな国でいろんな発展の仕方があってしかるべきやと思てるわけ。ほなら京都の中華は中華系料理なんか？　って。中華系料理なんてもん、あるわけないし。一方で中華料理であり、一方で日本料理なんやと。江戸前の寿司の人らは、カリフォルニアロールなんか寿司じゃねえ、て言うけども、現地の人らはあれが寿司やと思てるわけ。で、あれがあったから、今、世界中で「本場の寿司はこういうのとは違うらしい、本物の握りが食べてみたい」ていう話になってる。最初の段階で否定すると次に続かんようになるやん。カリフォルニアロールで寿司が世界的に広がったと考えれば、時間がかかっても正しい方向に向いていくし、その先にはちゃんとした寿司を食べてくれる人が必ず出てくる。食いもんに国境を作って、ボーダーを立てんならん必要はないやろと。

——それも中華料理、それも日本料理、それも寿司だと。

そう。ビヨンドボーダーズやな。せやから、最初に日本に来た中華の人らは、こういう京都特有の中華になっていくのをイヤやと思てたわけはないと思うよ。食いもんていうのはおいしければええんで、そこの人らがそれを食べて幸せになればええんで、別に、こうやなかったら、ああやなかったら、ていう必要はない。トンがったとこ行きたいやつは行ったらええし、自分はそういうのあんまりおいしいと思わへんから昔ながらのこういう味がええねんて思たら、そういうとこ行ったらええねん。［菊乃井］かて、うちは京料理やってます、て言うたことないで。どこにも書いてない。

――それはなぜですか。

京料理ていうのは、その人が京料理やと思てくれはったら京料理になるという話であって。日本料理の定義もはっきりわからへんのに、京料理を定義するて難しいやろ。［菊乃井］は［菊乃井］の料理を作ってるだけで、それを京料理て言うてもらえるんやったら幸いです、という感じやね。それに観光用の店しかないやん、自分とこで京料理て書いてるの。京料理食べたい人はそういうとこ行かはったらええにゃし。［瓢亭］にも、京料理と書いたあるって聞いたことないし。懐石とも書いてないし。

地方の料理と京都の中華

――今回の本のタイトルも、便宜上、『京都の中華』とつけるしかなくて。それまで名称というか、

言語化すらされていなかったというか。でも、本を読んだ地元の方々から、「やっぱりあるよね、この感じ」とおっしゃっていただいて安心しました。

せやけど、こんなんは、なかなか東京の人には理解できひんのかもしれんで。

——地域性というものの理解のしづらさですか。

えー、中華てみんな一緒ちゃうの、て思たはんねん。

——ローカル色があると思ってない。

思てない。東京はまったくローカル色ないやん。ぼくは、東京やったら「中国飯店」によう行くけども、オーナーが中国じゅうかけずり回って、ここの北京ダックが一番おいしいと思たら、その店の北京ダックの職人を連れて帰ってくるわけや。現地の何倍もの給料を払て、2年契約でね。せやから酢豚もみんな、中国じゅう回って、この職人が作る酢豚が一番うまいわ、ていうやつを連れて帰ってくる。せやから、おいしいのばっかりが並んでるし、ほんまの中国料理やなあという感じはするけども、何料理というジャンルではないわな。台湾料理と上海料理はまったく違う料理なんやけども、みんな、そうは思てへんのとちゃうかな。

——日本にいながら、そこまで意識するのは難しいかもしれませんね。

ほんまは全然違うもんなんやけどね。上海は上海醤油でまっくろけやし濃いし、北京は甘いし酸っぱいし、四川なんか行ったらもう、だしなんかほとんどないねや。なんかザーサイを湯につけたん、これ飲むんですかみたいなもんがスープなんや（笑）。せやから、あんな大きな国を中国料理という名前ひとつで括るていうのは、ちょっと無理があるんやろね。インドでも、北と南では、気候も風土も民族も違うし。イタリアはどやねん言うたら、北イタリアと南イタリアでまったく違うやん。北イタリア言うたらもう、国道1本はさんでフランスやからね。そこで食べてる料理は南イタリアの料理とはまったく違うのに、それもみなイタリア料理て言うてるわけやん。せやから、日本料理の均一化というのも、今、ぼくが一番問題やなと思てるとこなんや。

——日本料理はこうあるべきというイメージが……。

ぼくらの先代が、日本で初めて日本料理の技術書を柴田書店と一緒に発刊したり、研鑽《けんさん》会を作って、自分らの持ってる技術を全部公開したわけや。それ以来、日本料理は、京都を見て暮らすようになったんや。つまり、京都が日本料理の中心地みたいになってしもたんやね。その一方で、地方の料理は田舎の料理でたいしたことおまへんねん、みたいな風潮になってしまったのが問題やなと。ぼくらはそれを是正したくて、地方は地方の料理を大切にしてくださいという意味でもあるんです。地方の料理こそが地域の文化なんですよということで、和食をユネスコに登録申請せざるを得んかってん。

——平成25（2013）年に和食がユネスコ無形文化遺産に登録されることが決まった時、村田さんが「一番守らないといけないのは日本の家庭料理」と新聞やテレビなどで頻繁におっしゃっていたのが印象的でした。

別に、料理屋の料理を文化遺産に登録したいわけやなくて、絶滅危惧種をなんとか保護せなあかんから登録するんであって。おばあちゃんが作っていた煮つけを、孫が教えてもらってくださいよと。それが和食の文化を維持継承することになるんでやっていってください、自分らの食べてる料理をもっぺん見直してくださいと。フランスのチーズの食べ頃を気にするのとちごて、自分らの発酵食品である漬物の漬け加減を気にして、ぬかどこに手を入れましょうよという、そういう運動やねんな。ピラミッドの一番上みたいなとこにいる料理屋の料理も、裾野が広くないと存続せえへんわけで。

——自分たちの食べている料理をもっと気にするというのは、身近なものですし、意識さえすればできることですもんね。

せやけどね、今、日本の人口が1億2700万人でしょ。これが50年後には8000万人になっていくわけ。その時、39％の自給率は、計算では19％になってるわけや。で、60歳以上が40％、働き出す前の人が30％、働いたはる人が30％。つまり、30％が70％を食べささなあかん国になってるわけ。日本の国際競争力もなくなってるやろし、アジアの経済発展も終わってるわけやん。その時には中国の内陸部もそれなりのもん食べるようになってるやろし、東南アジア諸国もＧＤＰで日本を追い抜いていくやろし。一方で、インドやアフリカでは人口爆発が起こってると。その時、日本の子供やらは飢えへんか？　という。それが日本料理アカデミー設立の根本的な理由なんや。

——将来の子供たちの食。

今は半分以上食べんと捨ててるけども、お金なくてもアメリカが小麦粉売ってくれるのかと。売ってくれへんやろと。今、バターがないのも、オーストラリアの伊勢えびが入ってこうへんのも、中国が日本より高い値段で買《こ》うてるからやん。東南アジア諸国と中国内陸部がそれなりのもん食べていったら、もう日本は食うもんなくなるでと。

——手に入らなくなると。

手に入らなくなる。お金がないねんから。たぶん、ぼくらの子供の時みたいに、靴下も服もつぎあてて使わなあかんようになるやろけど、まあ、寒さがしのげればそれはそれでええやん。せやけど、このままいくと子供が飢えて死ぬことになるさかいに。この10年の間に休耕田があと10%増えるわけや。じいちゃんばあちゃんが病気になったら、もう田んぼやめとこか、継ぐやつもおらへんしていう話になるでしょ。第一次産業を助けんとあかん。ぼくらは山紫水明の国で、自給率100%やったんや。江戸時代は鎖国してても、別に飢えて死ぬやつおらへんだ国やねん。それが唯一、独立国でいられた理由なんや。

――食糧を自分たちで作れた。

食糧を作れた。結局、米みたいな植物はなかなかないんで。おんなじ田んぼで毎年、作れるわけやん。しかも栄養価が高い。おんなじ面積で麦を作っても、米の50%前後の人数しか養えへんわけや。日本の周りには4つの海流が流れてて、世界で一番、魚種が多いねん。ざっと4000種はいてる。そのうち3000種は食べてて、市場流通してるのは30種。国土の75%が山で、そこに降った水は毛細血管のように土地を潤してて、平野部にたまったミネラル分と温帯モンスーンの気候で、野菜はタネをまいときゃ勝手にできる。で、その野菜と魚を、発酵調味料で煮炊きして、めし食うてりゃ、どっからも誰からも輸入する必要はなかったんや。せやから、それに戻していかんとまずいやん。そのために日本料理アカデミーで和食給食を提唱して、食育をやってるわけや。京都の小学校は和食給食にしたけども、別にから揚げ食べるなて言うてんのとちごて、から揚げがあってもええけど、今日は野菜炒めをおしたしにしてよと。明日はスープを味噌汁にしてよと。で、五穀米つけたら、それでもう和定食やん？　そういう食事にしていきましょうよて言うてるだけで、にしんとなすの炊いたん食えて言うてるわけ違うねん。

――文化の継承というよりは自給率100%だった時代を取り戻すための食育。

小さい頃から給食で米食の習慣をつけといたら、将来、ごはんを食べるにゃったら煮つけの方がおいしいなあ、バターで焼いた肉よりすき焼きの方が合うなあという話になってくるやん。

――食べ合わせも身に付いてきますね。

そうそう。そういうことが目的なんや。せやからぼくらは、「給食は食育の根幹である」と言うてるわけや。宇治の人らも、お茶を売りたいんやったら、なんで京都じゅうの給食に、番茶でもええからお茶を提供せえへんにゃと。ミルク飲みながらめし食わすなんていうのは、どこの国にもないでと。

――私の小さい頃も出てました……。ごはんとミルク……。

ミルクをやめろとは言わへん。2時間目と3時間目の間か、放課後に飲ましてくださいよと。で、ごはんの時はお茶を飲みましょうと。お茶を飲む習慣がついてると、子供が学校から帰ってきたら、「お母さん、お茶ないの?」てなるやん。そしたら夏になれば、お母さんも「麦茶、冷蔵庫に入ってるで」てなるやん。で、そうやって麦茶や番茶を飲んでる子らは、大人になったら緑茶を飲んで、お茶の種類を選定するようになるやん。

――今日はほうじ茶がいいなとか。

「このごはんの後はほうじ茶がええな、やっぱり」とかね。それを国内で進めていかんことには、海外輸出ばっかり考えててもどうにもなりませんよ、て言うてんねんけども。

――味覚ですね、味覚の習慣をつけるという。

京都の人なんかは、おじいちゃんおばあちゃんいはる家庭がまだ結構あるから、サラダ食べんとおしたしにしよかとか、ごま和えにしようや、という生活が成り立ってる。せやから、ごま和えがこの酢豚の横にあっても違和感ないねん。味噌汁飲みながら、鳳凰蛋食べても、あんまり違和感ない。そういうおんなじトーンの中で、こういう中華があるということが、京都の中華の成り立ちに大きく影響してんにゃろと思うで。

――実のおじいさんおばあさんでなくても、お店で見かけるご年配のお客さんや家族連れのお客さんの料理の頼み方とか、ふるまいに学ぶことが多いです。

せやから、じいちゃんばあちゃんが孫と一緒になって食事ができるっていうのが、そこの土地に根ざした料理であるということやな。

——それは、まさに京都の中華に言えることですね。

うん。そういうとこはね、ほかの地方行ってもね、そない気取ったとこはないねんな。蕎麦がおいしいて言われて行ったけど、講釈たれながら蕎麦打ってるわけとちごて、気楽にやったはるけども、山菜の天ぷらも、蕎麦もそれなりにちゃんとしてておいしいなあ、ていうところがあるやん。せやけど、評論家でもなんでも、舌に自信がない人は「がんばってまっせ！」みたいな人らが好きなんや。講釈たれまくって、朝は5時から起きて、みたいな人らが好きなんや。

——（笑）それをこなしていたら、おいしい蕎麦ができるのかといえば、必ずしもそうとは言えないですもんね。

そんなことないやろと。京都の中華の店なんか、「何時頃、店入ってんの？」「いや、開店が、えー、12時ですさかいに、10時頃入ってます」とか言う人らやねん、この人ら。

——（笑）朝5時には来てないですね、たぶん。

全然来てへんで。で、もう、昼間なんか、お客さん切れたらもう、ちょっとでも早いこと店閉めたろと思てんねん。

——（笑）無理しないという。こだわって無理することが必ずしもおいしさにつながるわけではないということを、どこかでわかってらっしゃるんでしょうね。

せやから、まあまあ、いつでも自然体？　東京の人からしてみたら、「タラタラとしてるなあ」と思われてんにゃろな（笑）。

大陸志向と京都の中華

——先ほど、京料理でも京都の中華でも「香り」を大事にするという話が出ましたが、その一方で「におい」には過敏ですよね。

うん。医食同源の薬膳料理もあんまりないし。なにこれ八角？　ヘンなにおいやめてくれへんか、みたいな感じやん。

——（笑）

五香粉のにおいがするとかいうのもないし。

——「盛京亭」のご主人が、一応、要望されたら何でも作るというスタンスなので、八角も置い

てらっしゃるそうなんですけど、「使ったことない」と笑っておられました。

そやろな。うちのかみさんなんて、八角のにおいしてたら、「いや、これ本場の香りしてるやん、かなんわ」とか言うてる。

――「本場」がまったく褒め言葉になってませんね（笑）。嫌悪感も、においというか、香りによって起こるということですね。

結局、自分らが慣れへんもんていうのは、なんか拒否するねんな。豆豉《トウチー》炒めとかもないよな。豆豉て大徳寺納豆やん、言うてみれば。

――一休禅師が伝えた。

そう、一休さんが伝えた。せやから、あれで何かを炒めたような料理とかあってもよさそうやけど、ないねんなあ。麻婆豆腐も、あんかけみたいやし。

――確かにそうですね。ニンニクも入ってないし、豆腐の味噌あんかけですね。

せやから、いろいろあってええねん。京都行ったらみんなメニューが少のうて、あるもんどこでもだいたい一緒で、よう似た味で……って。それが京都の中華なんやと。

――そこまでして、なぜ京都の人って中華が好きなんでしょう。

まあ、これは京都の街だけとちゃうかもしれんけど……。１００年にいっぺんぐらいはね、先祖返りの趣向ていうのが日本人の中にあって、この前やと大正の初め頃に、えらい中国の文化に憧れた時期があったんやね。文人て言われる人らの間に煎茶文化が流行って、掛軸にも風帯《ふうたい》がないとかね、書があって山水があって……ていうような絵を掛けて、庭も鉄斎の絵みたいな造りにしたりして、そういう大陸志向が高まる時ていうのが、日本には周期的にあるみたい。もともとぼくらは大陸から渡ってきた民族で、北方騎馬民族と南方海洋民族が一緒になってるわけやな。それらが混ざり合ってひとつの国家を作ってるんで、大陸に憧れをもって返りたい志向ていうのが、日本人の中にめんめんとあるんやろなという気はする。中国の素そばである柳麵に、チャーシュー入れて支那そばにして、だしにも凝って、どんどん日本のラーメンにしていったわけやん。中国人はもうラーメンは日本のもんやと思てるけど、先祖は中国にあったんや。それとおんなじようなことが、たぶん京都の中華の中にも起こってんねんな。

――100年ごとの先祖返りが。

　せやから、京都でも中華料理が文化指数の高いもんであるというようなとらえ方を、大正の初め頃にしてたんやろね。で、大正の初め頃に根付いた中華料理ていうのは、文人や金持ちが食べに行ってて、そこからトップダウン的に下へ流れていった。それが、京都の中華は庶民的でありながら庶民的ではない食いもんみたいな意識が、京都人の中にある所以やろな。

——そういえば、高華吉さんが開いた［飛雲］には谷崎潤一郎が来ていたとか、［盛京亭］には映画人のお客さんが多かったと聞きました。

せやから、みんな定食とかもあんまりやらへんねや。酢豚定食やったらええやんて言うんやけど、それはなくて、単品なんや。値段は安いけどみんな単品で、それぞれ好きなもん注文してもらうていうやり方。アメリカとかイギリスやと、中華といえば、夜中まで営業してて、安い割に量があって、そんなええ食いもんではないイメージで。世界中どこ行っても割とそういう扱いなんやけども、京都ではそうならなくて、大陸の文化の匂いがする、高貴なもんであったということなんやろな。

偉大なるマンネリ

——京都の人に、家族で外食する時に何を食べるか聞くと、焼肉か中華と答える人が多いんですよね。

そやな、子供の言うこと聞いたら焼肉やし、おじいちゃんおばあちゃんはやっぱ中華なんやろな。ほんで、それが値段的にも手頃やし。

――ハレの日の特別感もあるけど、気は張らなくて済むという。

誕生日やったら、焼肉よりは「竹香」のお座敷かな、とかね。おばあさんの米寿のお祝いやからちょっと親戚で寄って、みたいな。それ以上になると料理屋になるけども、それほどでもないていう時は中華料理が多いわな。ほんで中華料理屋さんて、3歳児が来ても、イヤな顔せえへんやん。子供が走り回ってもええし、赤ちゃんが泣いててもかまへんし、行きやすい、ていうのはあるわな。

――ちょっとおおらかというか。

うん、ほんで、たいがい子供用の茶碗と箸が用意してあったりするやん。なんかキティちゃんついてるやつを店のおばちゃんが持ってきてくれはったり。そういうようなことが、やっぱ京都の中華料理屋にはあんねんな。ちょうどいい塩梅やねん。

――その「ちょうどよさ」を無意識に感じ取って、足が向くのかもしれないですね。

家族で行って鯉の丸揚げとかフカヒレが出てきても、誰も喜ばへんやん。そんなひと皿8000円もするようなもんを食べよかていう志向にならんねんな。それより、みんなでわいわい言いながら、なんなと食べといたらええやん、と。最初に適当な前菜を作っといてや、みたいな。もう決まってんねん、くらげの酢のもんと、チャーシューと、なんか春巻が切ったあるやつ。京都の人は、そういうのを「またこれか」て思うんとちごて、「そうそう、これやこれや」て思うねん。何が出てきて、どんな味かわかってるから行くわけや。

——安心感も含めて。

そうそう。せやからね、京都の中華は「偉大なるマンネリ」やな。

——（笑）一朝一夕では築き上げられないものですもんね。

違うことやり出したら、かえってぼろくそに言われるで、お客さんに。

——とても勉強になりました。本日はありがとうございました。（終）

京都の中華アドレス

掲載データは2016年10月現在のものです。営業時間、定休日、料理の値段などは、各店にお尋ねください。

ぎをん森幸 p.79 map い
京都市東山区白川筋知恩院橋上ル
西側556　☎075-531-8000

糸仙 p.84 map ろ
京都市上京区真盛町729-16
☎075-463-8172

駱駝 p.93 map に
京都市左京区北白川瀬ノ内町27-4
☎075-781-0306

竹香 p.99 map い
京都市東山区新橋通花見小路西入ル
☎075-561-1209

盛京亭 p.106 map い
京都市東山区祇園町北側263
☎075-561-4168

北京亭 p.118 map い
京都市東山区大和大路五条上ル
山崎町373　☎075-561-6106

平安 p.126 map い
京都市東山区縄手通富永町東入ル
宝船ビル1F　☎075-531-2287

ぎをん翠雲苑 p.136 map い
京都市東山区祇園花見小路四条下ル
2筋目西入ル　☎075-561-0826

中華のサカイ本店 p.140 map は
京都市北区紫野上門前町92
☎075-492-5004

やっこ p.147 map い
京都市中京区夷川通室町東入ル
冷泉町76　☎075-231-1522

盛華亭 p.24 map に
京都市左京区浄土寺馬場町39-4
☎075-751-7833

蕪庵 p.34 map に
京都市左京区下鴨膳部町92
☎075-781-1016

芙蓉園 p.44 map い
京都市下京区河原町通四条下ル
3筋目東入ル　☎075-351-2249

鳳飛 p.52 map は
京都市北区紫野下鳥田町37-1
☎075-493-5025

八楽 p.62 map い
京都市東山区下河原通八坂鳥居前下
ル2丁目上弁天町428-5
☎075-541-5898（予約が好ましい）

京都中華ハマムラ p.72 map い
京都市中京区丸太町通釜座東入ル
梅屋町175-2　☎075-221-4072

珉珉 四条店 p.199 map い
京都市下京区船頭町237-9
☎075-351-1960

**餃子の王将
四条大宮店** p.200 map い
京都市中京区四条通大宮西入ル
錦大宮町116-2　☎075-801-7723

マルシン飯店 p.204 map い
京都市東山区東大路通三条下ル
南西海子町431-3　☎075-561-4825

龍門 本店 p.204 map い
京都市東山区三条通東大路西入ル北側　☎075-752-8181

まつお p.207 map に
京都市左京区浄土寺西田町118
☎075-771-6345

龍門 百万遍店 p.207 map に
京都市左京区吉田本町27-4
☎075-752-8181

華祥 p.207 map に
京都市左京区田中里ノ内町41-1
☎075-723-5185

七福家 p.208 map い
京都市左京区聖護院山王町25-11
☎075-771-3833

桂心 p.208 map い
京都市中京区清水町359 ABビルB1
☎075-231-7878

龍鳳 p.158 map い
京都市中京区新京極通六角東入ル
北側桜之町450　☎075-255-3966

鳳泉 p.163 map い
京都市中京区河原町二条上ル清水町
359　AXEABビル1F
☎075-241-6288

萬福寺 p.165 map へ
宇治市五ケ庄三番割34
☎0774-32-3900(受付9:00 ~ 17:00)

ふた葉 p.171 map ろ
京都市上京区今出川通七本松西入ル
真盛町719　☎075-461-4573

**らーめんハマムラ 近鉄名店街
みやこみち店** p.184 map い
京都市下京区東塩小路釜殿町31-1
近鉄名店街みやこみち内
☎075-672-1010

十二段家 本店 p.185 map い
京都市東山区祇園町南側570-128
☎075-561-0213

開花 p.193 map ほ
京都市右京区太秦西蜂岡町9-99
☎075-881-9320

月村 p.195 map い
京都市下京区西木屋町四条下ル
船頭町198　☎075-351-5306

珍元 p.196 map い
京都市中京区壬生相合町20
☎075-801-9589

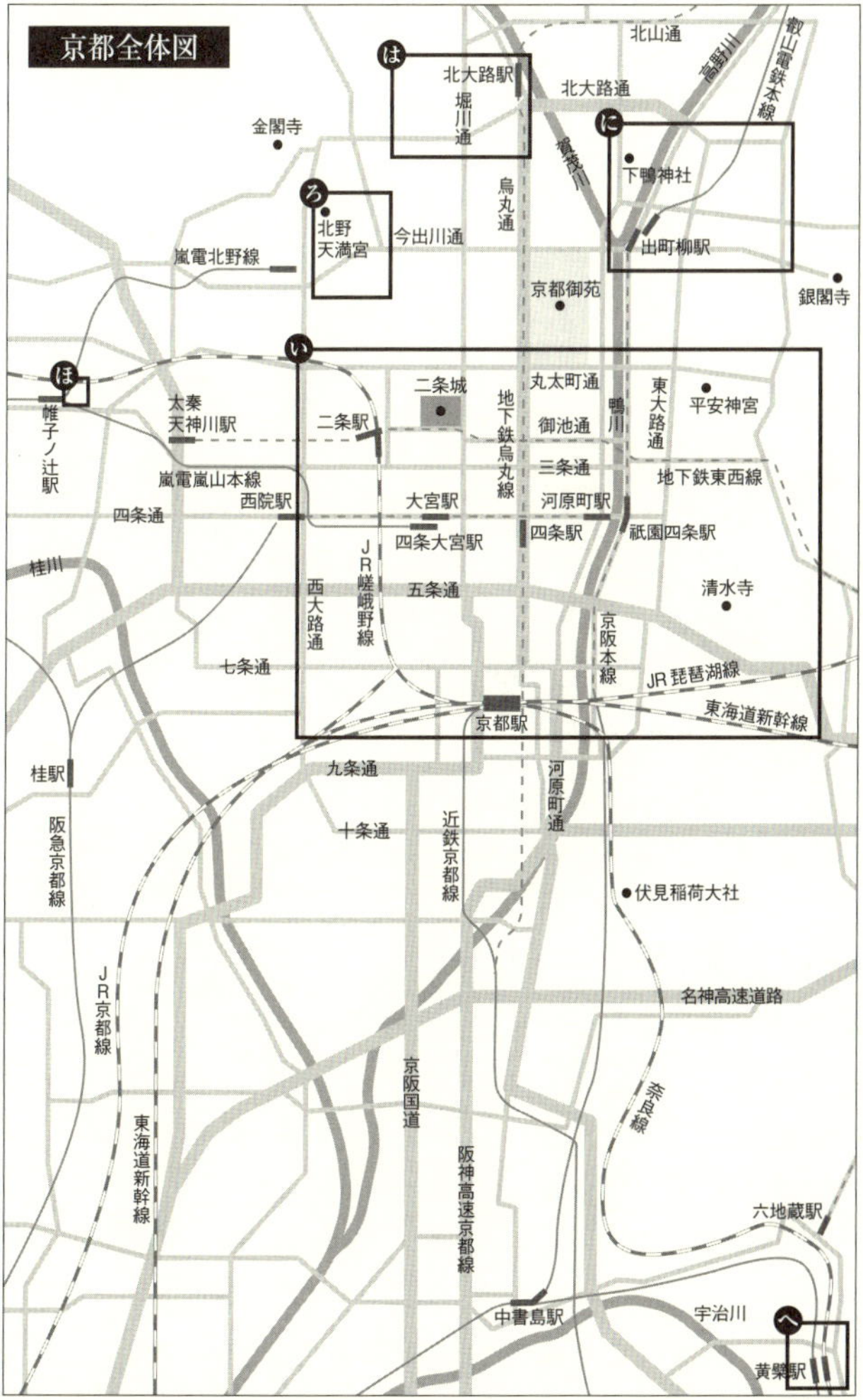
京都全体図
は
ろ
に
い
ほ
へ
北山通
高野川
叡山電鉄本線
北大路駅
北大路通
堀川通
金閣寺
賀茂川
下鴨神社
烏丸通
北野天満宮
今出川通
出町柳駅
嵐電北野線
京都御苑
銀閣寺
二条城
丸太町通
東大路通
平安神宮
太秦天神川駅
二条駅
地下鉄烏丸線
鴨川
御池通
帷子ノ辻駅
三条通
嵐電嵐山本線
地下鉄東西線
西院駅
大宮駅
河原町駅
四条通
四条駅
祇園四条駅
四条大宮駅
桂川
JR嵯峨野線
西大路通
五条通
清水寺
京阪本線
七条通
JR琵琶湖線
京都駅
東海道新幹線
桂駅
九条通
河原町通
十条通
近鉄京都線
阪急京都線
伏見稲荷大社
JR京都線
名神高速道路
京阪国道
奈良線
東海道新幹線
阪神高速京都線
六地蔵駅
中書島駅
宇治川
黄檗駅

川端通
神宮丸太町駅
七福家(p.208)
平安神宮
鳳泉(p.163)
桂心(p.208)
都市役所前駅
龍門本店
(p.204)
東山駅
南禅寺
河原町通
木屋町通
三条京阪駅
三条駅
マルシン飯店(p.204)
ぎをん森幸(p.79)
蹴上駅
龍鳳
(p.158)
鴨川
祇園四条駅
竹香(p.99)
平安
(p.126)
盛京亭(p.106)
河原町駅
八坂神社
珉珉四条店(p.199)
十二段家本店(p.185)
月村(p.195)
ぎをん翠雲苑
(p.136)
芙蓉園
(p.44)
建仁寺
八楽(p.62)
京阪本線
清水五条駅
北京亭(p.118)
清水寺
東大路通
七条駅
JR 琵琶湖線
東海道新幹線
奈良線

㋑京都市中心部

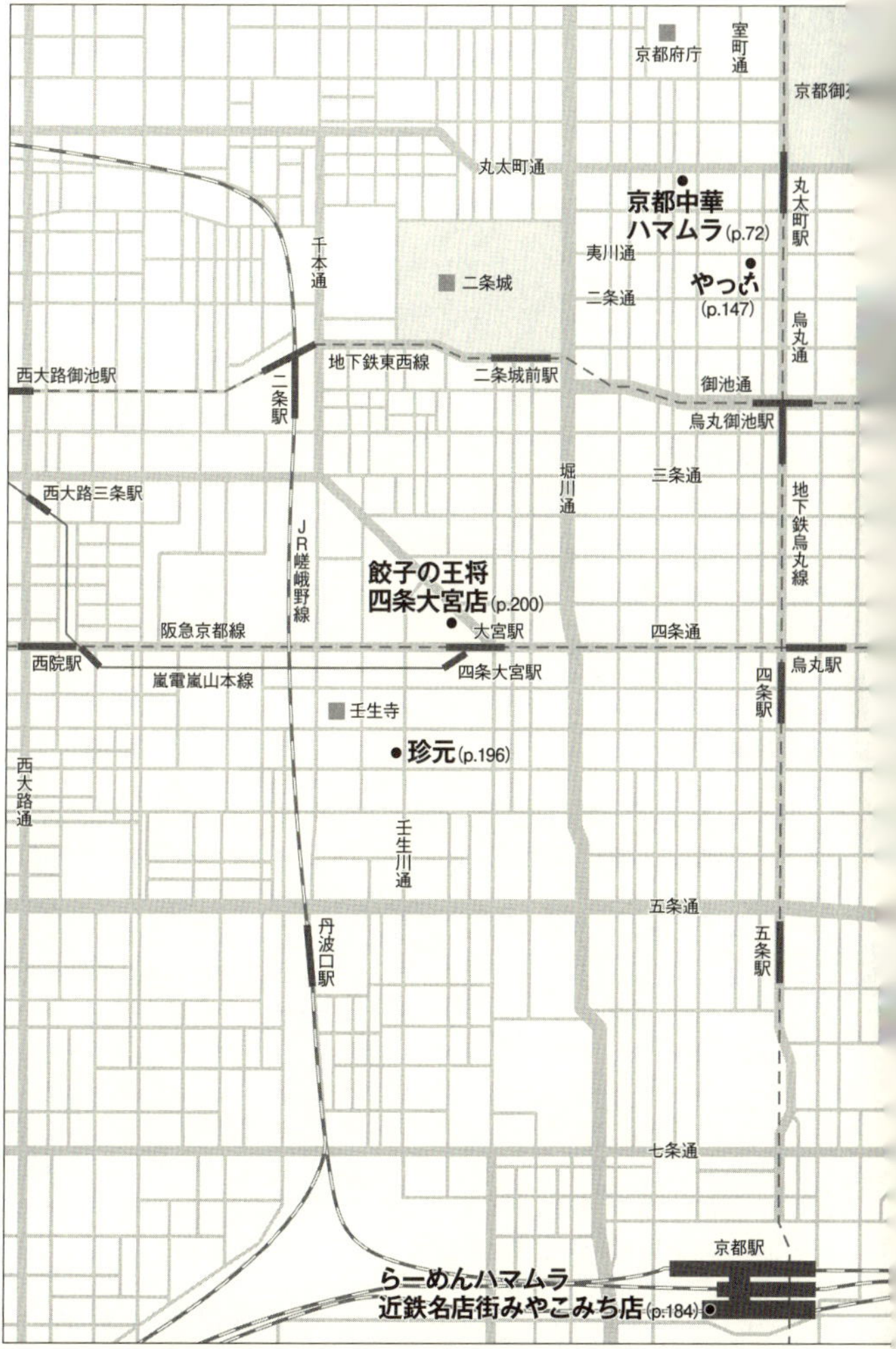
京都府庁
室町通
京都御苑
丸太町通
京都中華
ハマムラ(p.72)
丸太町駅
千本通
二条城
夷川通
二条通
やっこ
(p.147)
烏丸通
地下鉄東西線
二条城前駅
西大路御池駅
二条駅
御池通
烏丸御池駅
堀川通
三条通
西大路三条駅
地下鉄烏丸線
JR嵯峨野線
餃子の王将
四条大宮店(p.200)
阪急京都線
大宮駅
四条通
西院駅
四条大宮駅
烏丸駅
嵐電嵐山本線
四条駅
壬生寺
珍元(p.196)
西大路通
壬生川通
五条通
丹波口駅
五条駅
七条通
京都駅
らーめんハマムラ
近鉄名店街みやこみち店(p.184)

ろ上七軒

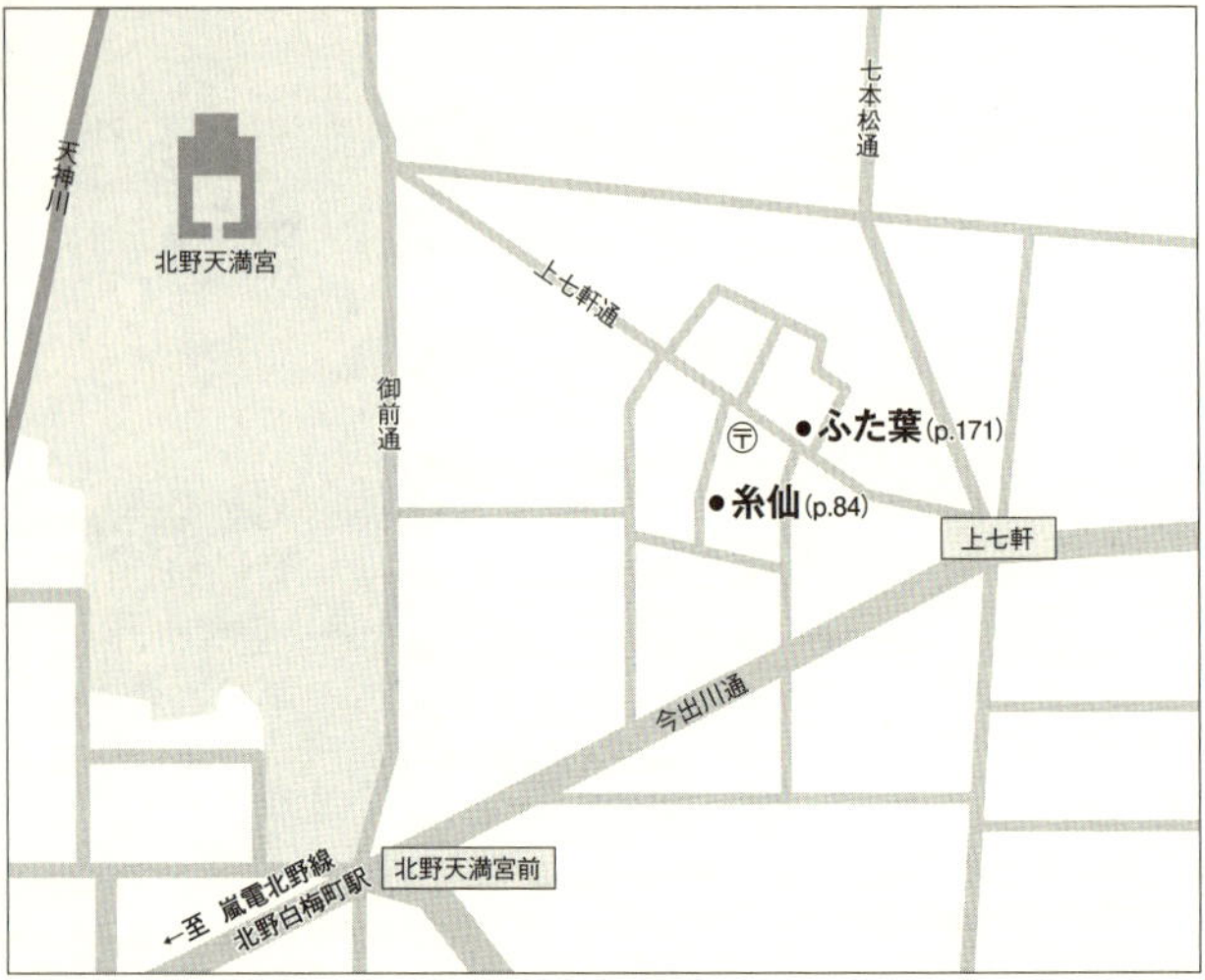
天神川
北野天満宮
七本松通
上七軒通
御前通
ふた葉(p.171)
糸仙(p.84)
上七軒
今出川通
←至 嵐電北野線 北野白梅町駅
北野天満宮前

は堀川北大路

今宮通
地下鉄烏丸線・北大路駅
中華のサカイ本店(p.140)
鳳徳小学校
鳳飛(p.52)
大徳寺
立命館小学校
紫明小学校
大谷大学短期大学部
大宮通
堀川通
北大路通
北区役所
京都教育大学附属京都中学校
京都教育大学附属京都小学校

に 下鴨〜北白川

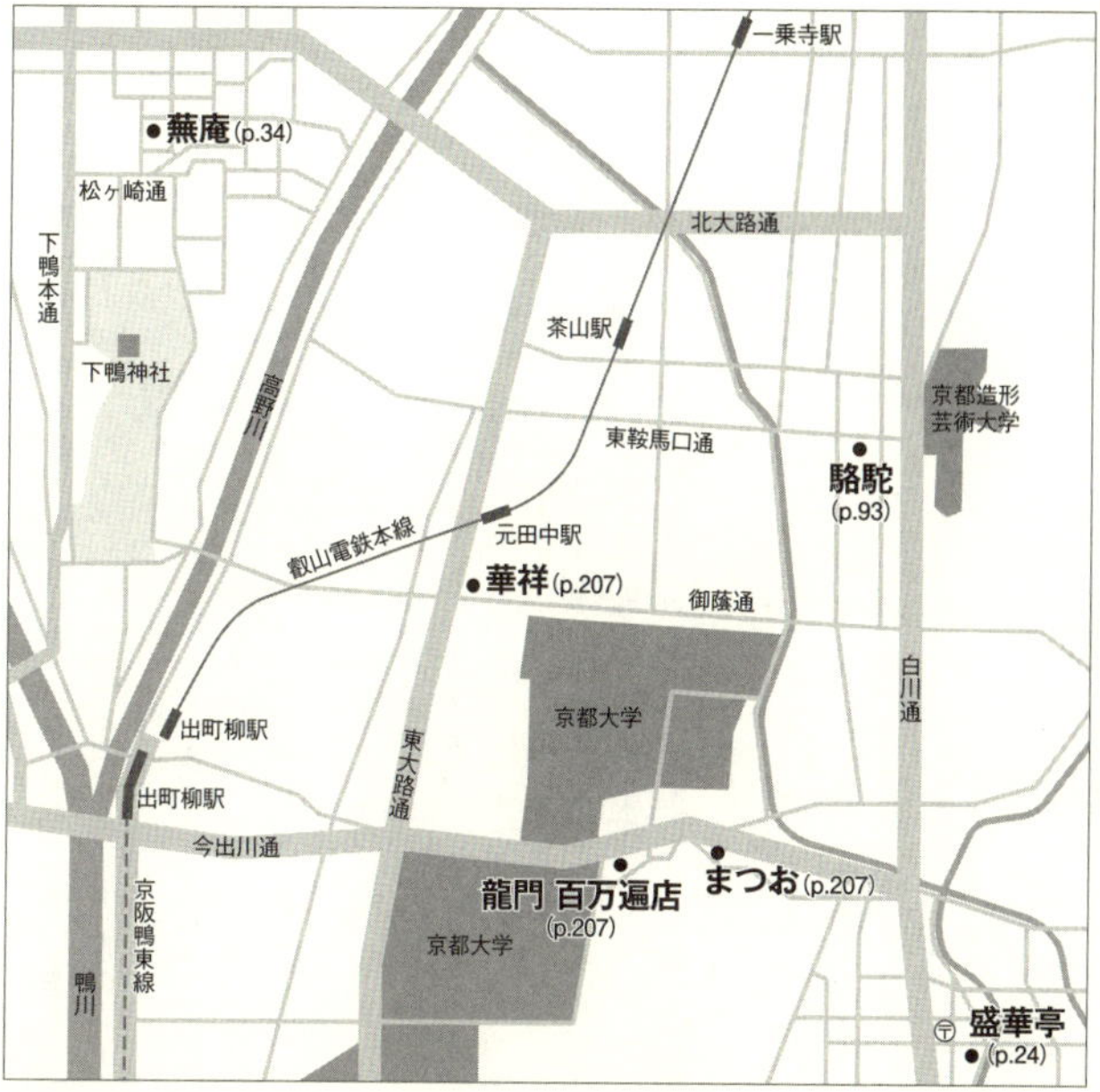

ほ 太秦

へ 黄檗

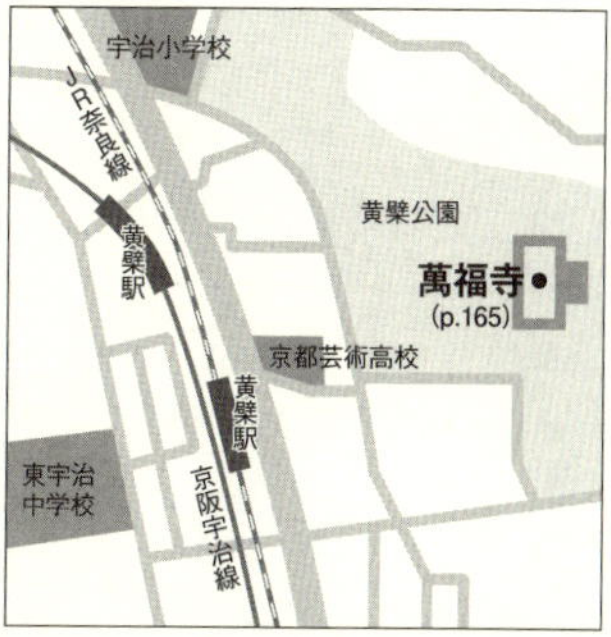

おもな参考文献

『新中国料理大全一～五』（中山時子／陳舜臣／木村春子　小学館）
『日本の食文化史年表』（江原絢子／東四柳祥子　吉川弘文館）
『一衣帯水』（田中静一　柴田書店）
『料理王国』２００８年６月号「日本の中国料理１００年史」（料理王国社）
『火の料理 水の料理』（木村春子　農山漁村文化協会）
『梅棹忠夫の京都案内』（梅棹忠夫　角川書店）
『足まかせ京都』（デビッド・クン　文化出版局）
『萬福寺の普茶料理』（黄檗山萬福寺／田谷昌弘　学習研究社）
『精進料理と日本人』（鳥居本幸代　春秋社）
『卓袱料理のすすめ』（古場久代　長崎文献社）
『神戸と華僑』（神戸華僑華人研究会 編　神戸新聞総合出版センター）
『食卓文明論』（石毛直道　中央公論新社）
『論集 東アジアの食事文化』（石毛直道 編　平凡社）
『蕎麦の事典』（新島繁　柴田書店）
『新版プロのためのわかりやすい中国料理』（松本秀夫ほか　柴田書店）
『にっぽんラーメン物語』（小菅桂子　講談社）
『支那料理通』（後藤朝太郎　四六書院）
『食』（大谷光瑞　大乗社）
「京都料理飲食新聞」第１６８・１６９号（京都府料飲組合連合会）
『ニッポン・サーカス物語』（三好一　白水社）
『ヴォーリズの建築』（山形政昭　創元社）
『バーナード・リーチ日本絵日記』（バーナード・リーチ　講談社）
『程さんの台湾料理店』（程一彦　角川春樹事務所）

文庫版あとがき

本書は2012年5月に京阪神エルマガジン社より発刊された単行本『京都の中華』を幻冬舎にて文庫化したものである。当時の「京都の中華」がどのように営まれていたかを記録しておく意味で、基本的には単行本の内容をそのまま収録した。しかしながら、文庫版を見て実際に店を訪れる方も少なくないと考え、閉店、移転、改装などの大きな変化については、2016年10月時点でわかっている情報を〈追記〉として書き添えた。なお、単行本発刊後に判明した新たな事実や誤記についても、一部加筆と修正を行っている。

また、文庫版企画として「菊乃井」の村田吉弘さんのロングインタビューを収録した。街のことを長く書いてきた私にとっても、地方の味を伝えるべき理由を再確認する貴重な機会となった。解説は、単行本が発刊された当初、誰よりも早く「京都の中華」が言語化された意義を指摘してくださった、書店「誠光社」の店主、堀部篤史さんにお願いした。

ところで本書では、「中国料理」、「中華料理」、その略称として「中華」という3つの表記を使用している。便宜上、中国本土のものには「中国料理」、国境を越えて各国および各地域の文化として独自に発展しているものには「中華料理」「中華」ということばをあてたが、村田さんのインタビューにもあるように、有機的に変化し続ける食を厳密に定義することは大変に難しい。「中華料理という料理はない」というご意見もあろうが、私たちが「中華でも食べよか」と話す際に思い浮かべている、庶民的あるいは日本的な「何とも言い難いあの味」を内包した自然な会話語としてとらえていただければ幸いである。

　最後に、壮大な中国料理の全体像を把握し、「京都の中華」の特殊性に確信を持つに至るには、長く中国料理を研究されてきた辻調理師専門学校の松本秀夫先生のご助言と、参考文献の著者の方々の仕事なくしてはとても到達することができなかった。また、この本を書くことを強く勧めてくださった編集者の沢田眉香子さん、遅筆な私をひたすら待ってくださった京阪神エルマガジン社の村瀬彩子さん、京都へ何度も足を運んでくださった幻冬舎の大島加奈子さん、文庫版でも素晴らしい題字を書いてくださった「旭看板店」の中尾孝さん、挿絵でこの本に体温を持たせてくださったイラストレーターの川原真由美さん、いつも正しい道へと導いてくださるデザイナーの有山達也さん、8年前、初対面の場で「越境の味」について書いていく勇気をくださった写真家の齋藤圭吾さんに深く感謝したい。そして、この本が書けたのは、静かにその味を守ってきた「京都の中華」の店々のお陰であることは言うまでもない。お力添えいただいた全ての方に御礼申し上げる。

姜 尚美

解説

堀部篤史

ポルトガル語に「サウダージ」という言葉がある。他言語には翻訳できない単語のひとつで、日本語に置き換えるとするならば、郷愁や哀愁にニュアンスが近いという。ボサ・ノヴァの生みの親であるミュージシャン、ジョアン・ジルベルトの『想いあふれて』という楽曲の原題は"CHEGA DE SAUDADE"（シェガ・ジ・サウダージ）。この曲やある種のブラジル音楽を聴いたときに湧くさざ波のような感情、とでもいうような理解をしているが、日本人である僕には今もって「サウダージ」という言葉のニュアンスを論理的に説明することができない。

特定の地域やコミュニティでのみ共有される感覚というものがある一方で、言葉がコミュニティや、名づけられることのなかった感覚を生むこともある。演奏によって生じる特定のリズム感を指す“GROOVY”や、音楽に夢中になり、その世界を理解しようとする感覚“DIG”など、一九四〇年代ビバップ・ジャズ草創期のニューヨークの黒人ジャズマンや、特定のジャンルに属するミュージシャンたちは、彼ら以外には理解不能な符牒を積極的に創造し、その発明である音楽が簡単に理解され、消費されることを拒んだ。

地域や人種だけでなく、世代間の共通言語というものも存在する。一九九〇年代に流行した「ヤバイ」という形容詞は、同じ言葉を使っていても世代間でのニュアンスの違いは埋めがたいし、今もなおネット上では、小さなコミュニティ間でしか理解できないスラングが日々生まれている。

これまで言語化されなかったことに名前が与えられるということは、いままで見えなかったものが可視化されるということ。同時に、それら価値観や感覚を共有する特定のコミュニティや世代が生み出されることでもある。

小学生の頃、家族や親戚で外食といえば中華と相場が決まっていた。天井が高く、独特の店構えの「鳳舞」の店先には庭と小さな池があって、そこには鯉が泳いでいた。幼い自分やいとこたちは、料理が出来上がるまでその庭の周辺に放たれ、食事が終われば大人たちが会話している間にも池を眺めてぼんやりと時間を過ごした。「白雲」で親族の集まりがあれば店の二階に通され、自宅と変わらないようなのんびりとした時間を座敷で過ごした。自分にとって家庭の食卓の延長のようなその二つの店のメニューや料理は似通っていて、幼いながらに「中華料理」とはこの二店の料理のことだと思い込んでいた。比較対象が少ないゆえに、積極的に「思い込む」ほどの認識すらしていなかったというのが正直なところだ。外で食べる中華イコール「鳳舞」や「白雲」のような、家庭的であっさりしたものだという時代が確かに自分の幼少期にはあったのだ。

中華にまつわる思い出はまだまだある。たまの夕食、両親が持ち帰ってきた冷麵を食べることがあったが、それは夏の風物詩でもなんでもなく、ただ「サカイの冷めん」という、わりと嬉しい晩ごはんのバリエーションのひとつで、「冬に冷たい麵」という違和感は微塵もなかった。のちに山下洋輔や筒井康隆による「全冷中」（全日本冷やし中華愛好会）の活動を知った際に「冬にも冷やし中華を」という全共闘のパロディーであるスローガンがうまく飲み込めず、首をかしげたものだ。

このまま歳を重ねれば、いわゆる浮世離れした京都人の出来上がりだが、情報過多の現代、そんな牧歌的な話はない。独り立ちして社会人になれば「餃子の王将」にも足を運ぶし、金がない時には「珉珉」の二階で酒を飲むこともある。ようするに、外食の主導権が親ではなく自分自身に移れば、その時々で身の丈や行動範囲に合わせた店に通うようになる。そこではじめて何かが違う、というほどはっきりとではないが、「そういえば昔……」と遠い目で親に連れられた中華の味を懐かしく思い出すこともあった。

二〇〇九年、「鳳舞」が閉店するという話を耳にした。閉店するだけでなくあの独特な建物は取り壊されてマンションになってしまうという。かつてここを懇意にした多くの客と同様、あわてて足を運んで初めてこの店の独特さにはっきりと気がついた。食前にはかならず熱いお茶が出され、水をお願いすると「薬飲むんか?」と聞き返される。店のおばちゃんたちは軽く無愛想、付かず離れず絶妙な接客が「ちょうどいい」。客が少なければ早じまいするし、いまどき中華料理の定番である餃子がメニューにない。あっさりした味付けの焼売や春巻きを一口食べれば、庭の鯉を眺めて過ごした幼少期を思い出し「サウダージ」に似た感覚がこみ上げてきた。この時点ではまだ名前の付けられていない懐かしい感覚が。この時期から幼少期の記憶を手繰り寄せるかのように、「白雲」や「サカイ」へと再び足を運ぶようになった。「鳳舞」同様なくなってしまってからでは遅いのだ。

話はそれるが、京都出身のバンド、「くるり」の『三日月』という楽曲のミュージックビデオで往年の「鳳舞」の店内を見ることができる。三人が料理を食べ続けているだけという演出なのに、眺めていると切なくなって仕方がない。

前置きがずいぶん長くなってしまったが、その「鳳舞」がついに姿を消してから三年後、本書『京都の中華』は出るべくして刊行された。本書を開いて溜飲を下げた京都人は少なくないだろう。点として認識していたはずの中華料理の思い出が、線で結ばれ一つの世界観として提示されているのだ。この本は、美しい写真と端正なレイアウトで美味しいもの好きの目を惹く「中華料理店ガイド」でも、京都の中華料理の特徴を抽出し紹介した「京風中華A to Z」でもない（もちろんそのような楽しみ方も出来るが）。これまで存在はしたものの名づけられることのなかった感覚を言語化した文化論なのだ。「京都の中華」とはニンニクを多用しない味付けや、独特の出汁、京野菜を使用したアレンジなど、特定の味の話だけではない。著者の姜さんがここで綴っていることは、味や営業形態の共通点ではなく、京都に住まい暮らした人々が共有する「記憶」や「感覚」など言葉にすることが難しい、誰も語ろうとしなかったことなのだ。

中華というもののとらえ方と育ち方が、ほかの街とはちょっと違う。
「京都の中華」は、ちょっと違う。

前書きにはこう綴られている。できあがったお店や料理の味が厳然とあるのではなく、食べる側と提供する側の独特な関係性こそが「京都の中華」の本質だという。だからこそ本書には普遍性と強度がある。名づけてはいるが、単純な定義をしないよう注意深く言葉を選んでいる。紹介されているのはここにしかない店ばかりではあるが、こういう店と客との関わり方はよそにもある。「京都だからこそ成立する」という特権意識がないから、これらの店を訪れたことのない読者も存分に楽しめるはずだ。味やメニューが主題なのではなく、客とお店の付き合い方やその歴史に主眼が置かれているからこそ、「京都の中華感覚」は自らの記憶にも置き換えることが可能なのだ。例えば「瀬戸内の一膳飯屋」や

「高知の食堂酒場」（そういうものがあるかどうか知らないが）のあり方だって「京都の中華」に近い存在かもしれない。そういう記憶を持つ人間のサウダージ感覚をも刺激する力を本書は持っている。

気取らず、手を広げず、あくまでも地元の人間が集う場であること。味やメニュー構成をのぞけば、ここに紹介されているお店の共通点は大体そんなものだ。それを常連客も理解し積極的に支持することでこういった店が長続きし、街と店との独特な関係性が生まれる。それが姜さんの言う「とらえ方と育ち方」なのだろう。おそらく日本のどこかで「京都の中華」的な客と店との関係はまだまだ存在しているはずだ。

どうか本書を手に取った広告代理店や雑誌編集者のみなさま、「京都の中華」を「京都中華」と略称し、ハッシュタグにしてしまわないでください。本書で紹介されている店をしらみつぶしに訪れ「あっさりしてるでしょう、これは花街でね……」などとウンチクをたれるのではなく、京都に来れば近くに知人が住んでいるから毎回ここ、という必然性のある「付き合い」をしてください。消費することよりも「京都の中華」的態度でそれぞれの店に足を運んで、今まで名づけられなかったものを言語化し、あらたな世代やコミュニティを生み出されんことを。これにはきっと著者の姜さんも同意してくれるでしょう。

——誠光社店主

著者
姜《かん》 尚美《さんみ》

写真
齋藤圭吾

アートディレクション・デザイン
有山達也

イラスト
川原真由美

題字
中尾 孝（旭看板店）

本文DTP＋地図作成
米山雄基

この作品は２０１２年５月京阪神エルマガジン社より刊行された単行本『京都の中華』に加筆・修正を行い、文庫化したものです。本文に登場する状況や情報は、基本的に２０１２年当時のものです。

京《きょう》都《と》の中《ちゅう》華《か》

姜《かん》 尚《さん》美《み》

平成28年12月10日　初版発行
令和4年10月15日　5版発行

発行人――石原正康
編集人――高部真人
発行所――株式会社幻冬舎
〒151-0051東京都渋谷区千駄ヶ谷4-9-7
電話　03(5411)6222(営業)
　　　03(5411)6211(編集)
公式HP　https://www.gentosha.co.jp/
印刷・製本―大日本印刷株式会社
装丁者――高橋雅之

検印廃止

幻冬舎文庫

ISBN978-4-344-42547-7　C0195　か-45-1